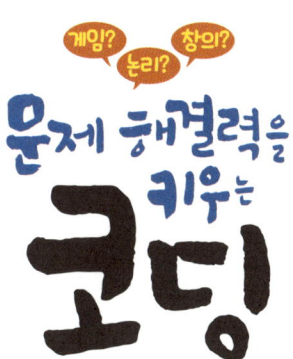

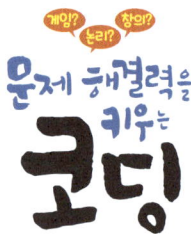

1판 2쇄 발행   2023년 8월 1일

| 글쓴이 | 윤정 |
| 그린이 | 박현 |

| 편집 | 김민애 |
| 디자인 | 김민하, 문지현 |

펴낸이	이경민
펴낸곳	㈜동아엠앤비
출판등록	2014년 3월 28일(제25100-2014-000025호)
주소	(03737) 서울특별시 마포구 월드컵북로22길 21, 2층
전화	(편집) 02-392-6901 (마케팅) 02-392-6900
팩스	02-392-6902
전자우편	damnb0401@naver.com
SNS	

ISBN 979-11-6363-543-7 (73560)

※ 책 가격은 뒤표지에 있습니다.
※ 잘못된 책은 구입한 곳에서 바꿔 드립니다.
※ 이 책에 실린 사진은 위키피디아, 셔터스톡에서 제공받았습니다.

도서출판 뭉치는 ㈜동아엠앤비의 어린이 출판 브랜드로, 아이들의 지식을 단단하게 만들어 주고, 아이들의 창의력과 사고력을 키워 주어 우리 자녀들이 융합형 창의 사고뭉치로 성장할 수 있도록 좋은 책을 만들겠습니다.

펴내는 글

코딩을 배우면 뭐가 좋을까요?
코딩으로 우리 미래는 어떻게 달라질까요?

선생님의 질문에 교실은 일순간 조용해지기 시작합니다. 인내심이 한계에 다다른 선생님께서 콕 집어 누군가의 이름을 부르는 순간 내가 걸리지 않았다는 안도감에 금세 평온을 되찾지요. 많은 사람 앞에서 어떻게 말을 해야 할까 고민 한번 해 보지 않은 사람은 없을 겁니다.

사람들 앞에서 자신의 생각을 조리 있게 전달하는 기술은 국어 수업 시간에만 필요한 것이 아닙니다. 학교 교실뿐만 아니라 상급 학교 면접 자리 또는 성인이 된 후 회의에서도 자신의 의견을 분명히 표현할 수 있어야 합니다. 하지만 어디서부터 시작해야 할지 몰라 입을 떼는 일이 쉽지 않습니다. 혀끝에서 맴돌다 삼켜 버리는 일도 종종 있습니다. 얼떨결에 한마디 말을 하게 되더라도 뭔가 부족한 설명에 왠지 아쉬움이 들 때도 많습니다.

논리적 사고 과정과 순발력까지 필요로 하는 토론장에서 자신만의 목소리를 내려면 풍부한 배경지식은 기본입니다. 게다가 고학년으로 올라가서 배우는 수업과 진학 시험에서의 논술은 교과서 속의 내용만을 요구하지 않습니다. 또한 상대의 의견을 받아들이거나 비판하기 위해서도 의견의 타당성과 높은 수준의 가치 판단을 해야 하는 경우가 많은데, 자신의 입장을 분명히 하기 위해선 풍부한 자료와 논거가 필요합니다.

토론왕 시리즈는 사회에서 일어나는 다양한 사건과 시사 상식 그리고 해마다 반복되는 화젯거리 등을 초등학교 수준에서 학습하고 자신의 말로 표현할 수 있도록 기획되었습니다. 체계적이고 널리 인정받은 여러 콘텐츠를 수집해 정리하였고, 전문 작가들이 학생들의 발달 상황에 맞게 스토리를 구성하였습니다. 개별적으로 만들어진 교과서에서는 접할 수 없는 구성으로 주제와 내용을 엮어 어린 독자들이 과학적 사고뿐만 아니라 문제 해결력, 비판적 사고력을 두루 경험할 수 있도록 하였습니다. 폭넓은 정보를 서로 연결 지어 설명함으로써 교과별로 조각나 있는 지식을 엮어 배경지식을 보다 탄탄하게 만들어 줍니다. 뿐만 아니라 국어를 기본으로 과학에서부터 역사, 지리, 사회, 예술에 이르기까지 상식과 사회에 대한 감각을 익히고 세상을 올바르게 바라보는 눈도 갖게 할 것입니다.

　『게임? 논리? 창의? 문제 해결력을 키우는 코딩』은 우리 일상에서 쉽게 찾아볼 수 있는 컴퓨터를 비롯하여 각종 전자 기기에 어떤 식으로 프로그램이 입력되어 작동하는지를 기본 개념부터 알려 주는 책입니다. 최근 4차 산업 혁명으로 IT 분야의 일자리가 주목받는 만큼 코딩의 원리를 이해함으로써 자신의 관심 분야를 좀 더 확장하는 계기가 되기를 바라는 마음으로 이 책이 기획되었습니다. 이 책을 통해 어린이들이 코딩의 기본 개념을 잡고, 실제 생활에서도 적용해 볼 수 있다면 더없이 소중한 시간이 될 것입니다.

편집부

 차례

펴내는 글 · 4
코딩보다 게임 · 8

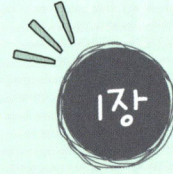 **1장 수상한 게임 초대장 · 11**

당신을 초대합니다
게임 속으로
파랑 머리 번개의 활약

토론왕 되기!! 누구나 코딩을 할 줄 알아야 할까요?

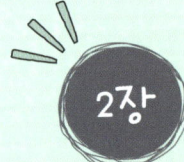 **2장 달콤한 유혹 · 31**

똑같은 고백
초특급 이벤트
거대 좀비가 나타났다!

토론왕 되기!! 코딩의 발달, 어디까지 왔을까요?

 **3장 좀비 바이러스를 막아라 · 51**

위험한 싸움
병원에서 만난 코코 샘

토론왕 되기!! 해킹은 도대체 왜 하는 것일까요?

뭉치 토론 만화
　미라클의 음모 · 69

4장　거대 좀비의 정체 · 77

　사라진 영락이
　영락이의 비밀
　도와줘, 히어로!

　　토론왕 되기! 코딩 조기 교육 열풍, 문제점은 없을까요?

5장　돌아온 히어로 앤 좀비 · 99
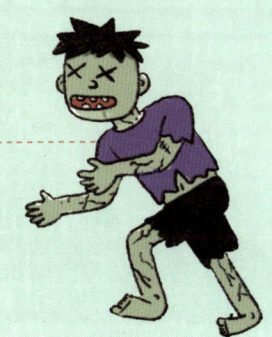
　새로운 히어로
　코딩을 배웠으면 써먹어라
　미라클의 정체

　　토론왕 되기! 코딩의 발달은 인간에게 이롭기만 할까요?

　어려운 용어를 파헤치자! · 117
　알아두면 좋은 코딩 관련 사이트 · 118
　신나는 토론을 위한 맞춤 가이드 · 119

코딩보다 게임

컴퓨터가 읽을 수 있는 형태의 언어, 즉 코드를 입력하는 것이 바로 코딩! 그러니까 코딩이란 결코 어려운 게 아니며, 누구나 쉽게 배울 수 있다는 말씀!

나 토요일에 게임 레벨 업 했다!

뭐? 혼자만 치사하게?

거기! 양지호! 딱 걸렸어! 누가 수업 시간에 떠들라고 했어?

서, 선생님……. 그게 아니고…….

아니긴 뭐가 아니야!

푸핫, 꼴좋다. 만날 잘난 척하더니.

최영락! 너 말 다 했어?

 ## 당신을 초대합니다

"영락이, 이 자식! 내가 그렇게 만만해? 힘만 세면 다냐고!"

지호는 집에 와서 씩씩거리며 가방을 팽개쳤어요.

사실 영락이를 약 올려 주긴 했지만, 언제 또 주먹이 날아올지 몰라 조마조마했던 지호예요.

"지호야, 왜 그래?"

엄마가 방문을 열고 걱정스레 물었어요.

"아무것도 아니에요. 엄마, 나 오늘 숙제 다 하면 게임 한 시간!"

"그래, 얼른 숙제나 하셔! 참, 코딩 수업은 잘 듣고 있지?"

"네! 코딩 숙제도 있어서 지금 하려고요."

지호는 게임할 생각에 기분이 금방 좋아졌어요. 토요일에 레벨을 세 단계나 높여 놓았기 때문에 오늘은 훨씬 더 게임할 맛이 날 테니까요.

"천천히 좀 먹어. 게임이 그렇게 좋아?"

엄마는 밥을 먹다 말고 혀를 찼어요.

"당연하죠. 아무래도 난 프로 게이머가 되어야겠어요."

"뭐! 얘가 정말!"

"헤헤, 농담이에요."

지호는 다 먹은 그릇을 개수대에 넣어 두고 방으로 들어왔어요. 콧노래를 부르며 컴퓨터 전원을 켰지요.

게임 사이트에 접속하려는데, 갑자기 쪽지 알림이 떴어요. 쪽지가 2개 와 있다는 거예요.

지호의 코딩 노트

▶ 코딩이란?

컴퓨터가 작동하고 명령을 수행하려면 컴퓨터가 알아듣는 컴퓨터 언어가 필요해요. 이 컴퓨터 언어를 바로 '코드'라고 부르지요.

'코딩'은 코드를 활용하여 논리적인 명령을 입력하는 걸 뜻해요. 컴퓨터는 논리적인 것을 좋아해서, 논리적인 명령만 받아들여 프로그램을 만들어요.

하나는 방과 후 코딩 선생님이 보낸 쪽지였어요. 수업 시간에 말했던 교재를 사라고 책 제목을 보내 준 것이었어요.

지호는 게임은 좋아하지만, 프로그래밍 언어나 코딩 같은 걸 배우는 건 재미가 없었어요. 엄마가 하라고 해서 어쩔 수 없이 배우고는 있지만요.

"게임을 직접 만들 것도 아닌데 내가 이런 걸 왜 배워야 해?"

지호는 코웃음을 치면서 다음 쪽지를 열어 보았어요.

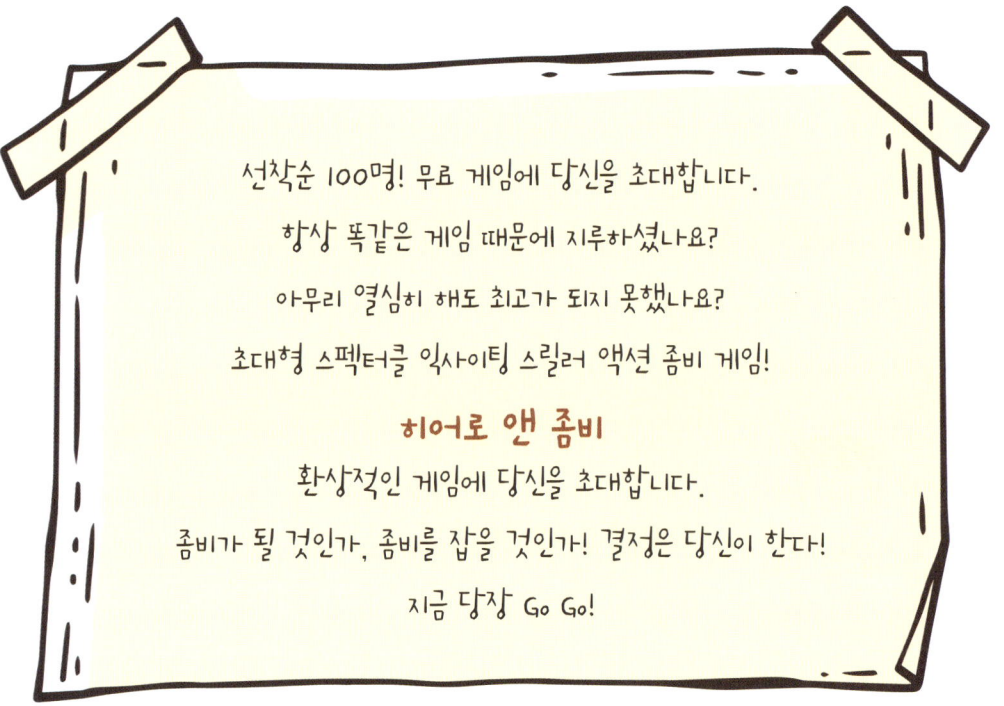

선착순 100명! 무료 게임에 당신을 초대합니다.
항상 똑같은 게임 때문에 지루하셨나요?
아무리 열심히 해도 최고가 되지 못했나요?
초대형 스펙터클 익사이팅 스릴러 액션 좀비 게임!

히어로 앤 좀비

환상적인 게임에 당신을 초대합니다.
좀비가 될 것인가, 좀비를 잡을 것인가! 결정은 당신이 한다!
지금 당장 Go Go!

게임 광고였어요. 개발자가 새로 만든 게임을 홍보하려고 무료로 배포한다는 내용이었지요.

지호는 쪽지를 삭제하려고 했어요. 새로운 게임은 별로 하고 싶지 않았어요. 원래 하던 게임만 하기에도 바쁘니까요.

그런데 '좀비'라는 단어에 눈길이 자꾸 갔어요. 얼마 전 아빠랑 좀비 나오는 영화를 보았는데, 잔인하고 무서웠지만 끝까지 다 보게 됐거든요. 너무 재미있고 스릴 있었지요.

"좀비 게임이라니, 좀 궁금하네. 그리고 무료라잖아? 선착순 100명이면 서둘러야 하는 거 아니야?"

지호는 자기도 모르게 마지막 줄 링크를 클릭했어요.

 게임 속으로

　요란한 음악 소리가 들리고 화면이 번쩍번쩍하더니 〈히어로 앤 좀비〉 게임의 화려한 첫 화면이 눈앞에 드러났어요. 게임 줄거리를 알려 주고 캐릭터를 소개하는 화면이었지요.

　줄거리는 간단했어요. 좀비가 넘쳐 나는 도시에서 슈퍼 영웅이 되어 친구들을 구해 내든가, 막강한 좀비가 되어 도시를 장악하든가 둘 중 하나였어요.

　"설마 좀비를 선택하는 사람이 있겠어?"

　지호는 중얼거리며 계속 게임을 관찰했어요.

　선택할 수 있는 캐릭터가 엄청나게 많았어요. 게다가 좀비 캐릭터들도 하나같이 다 멋있고 잘생겼어요. 잠깐 동안 망설여졌어요. 좀비 캐릭터도 멋있겠다는 생각이 스쳐 지났거든요.

　"에잇, 그래도 영웅이 낫지……."

　한참 고민하던 지호는 세 번째 줄 일곱 번째에 떡하니 들어 있는 파랑 머리 히어로, '번개'를 선택했어요. 막상 캐릭터를 정하고 나니 어서 빨리 게임이 하고 싶어졌지요. 아까 학교에서 한 꽃별이와의 약속은 까맣게 잊어버리고 말이에요.

　그런데 '시작(start)' 버튼이 보이지 않았어요. 아무리 둘러봐도 어떻게 시작하는지 알 수가 없었어요.

"뭐야? 무료라고 아무렇게나 만든 거 아니야?"

지호는 화면 이곳저곳을 마구 클릭해 보았어요. 숨겨진 시작 버튼이 있는지 보려고요. 하지만 소용이 없었어요. 첫 화면은 그대로 멈춘 채, 지호가 시작 버튼을 누르기를 마냥 기다리고 있는 것 같았어요.

그때, 오른쪽 아래 둥그런 맨홀 뚜껑이 눈에 띄었어요. 하수도로 연결되는 통로였지요. 표면이 금빛으로 반짝거려서 맨홀 뚜껑답지 않게 무척 아름다웠어요.

"설마 여기가?"

지호는 자기도 모르게 마우스를 갖다 대고 맨홀 뚜껑을 클릭했어요.

'딸, 깍!'

경쾌한 소리와 함께 맨홀 뚜껑이 열리면서 눈부신 빛이 새어 나왔어요. 너무 눈이 부셔서 지호는 두 눈을 꼭 감아 버렸지요. 그때 몸이 붕 뜨면서 지호 몸이 빙글빙글 돌다가 점점 작아지더니 화면 속 맨홀 안으로 빨려 들어가 버렸어요.

"으악, 어지러워."

지호는 한참 동안 엎드려서 눈도 못 떴어요. 뭔가 이상한 일이 벌어졌다는 걸 알 수 있었어요. 하지만 겁이 나서 눈을 뜰 수가 없었지요.

게임 첫 화면에서 요란하게 울리던 음악 소리가 바로 귓가에서 들려왔어요. 아주 가까이에서 울려 대는 것 같았지요.

지호는 왼쪽 눈부터 가늘게 뜨고 주위를 둘러보았어요. 맨홀 뚜껑 바로 옆에 엎드려 있는 자기 몸이 보였어요. 오른쪽 눈도 다 뜨고 벌떡 일어났어요.

처음 보는 도시 한복판, 어느 빌딩 앞 맨홀 뚜껑 옆에 우뚝 서 있는 자기 모습은 아까 선택한 캐릭터, 번개였어요.

"파랑 머리, 번개?"

 파랑 머리 번개의 활약

"이럴 수가! 내가 어떻게 번개가 될 수 있지? 말도 안 돼!"

지호는 너무 황당해서 한동안 그 자리에 서 있었어요. 그러다 게임 줄거리를 떠올렸어요.

히어로를 선택했으니 좀비로부터 시민들을 구해 내야 하는 임무가 있어요. 그런데 무엇부터 해야 할지 막막했어요. 마우스와 키보드만 가지고 게임을 해 보았는데, 이렇게 직접 캐릭터가 되어 몸으로 뛰어야 하다니!

"돌아갈 수는 있는 거겠지? 그래, 임무를 빨리 마치고 돌아가자!"

지호는 두 주먹을 불끈 쥐고 주위를 두리번거리며 앞으로 성큼성큼 나아갔어요.

'애애애앵!'

갑자기 사이렌 소리가 울려 퍼졌어요. 드문드문 다니던 자동차들이 갑자기 쌩쌩 달리더니 도로가 시끄럽고 복잡해졌어요. 어디선가 사람들

지호의 코딩 노트

프로그래밍 언어란?

컴퓨터 프로그램을 만들려면 프로그래밍 언어를 알아야 해요. 프로그래밍 언어는 컴퓨터를 일하게 만드는 특수한 체계의 언어라고 할 수 있어요. 주로 영어로 되어 있지만, 간단한 영어만 할 줄 알면 누구나 쉽게 배울 수 있어요.

프로그래밍 언어는 수없이 많이 있지만, 대표적인 것으로 파이썬(PYTHON), 자바(JAVA), C언어 등이 있어요.

이 쏟아져 나와 한 방향으로 마구 달리기 시작했어요.

어리둥절해진 지호는 사람들을 따라 일단 뛰었어요. 파랑 머리 번개라서 그런지 빨리 달려도 힘들거나 숨차지 않았어요.

누가 쫓아오기에 이렇게 헐레벌떡 달리나 궁금해진 지호는 높은 곳에 올라가 멀리 내다보았어요. 어떤 건물 안에서 사람들이 나오다 넘어져 뒹구는 게 보였어요. 그 뒤로 좀비 떼들이 사람들을 쫓아오고 있었어요.

좀비들은 영화에서 본 것처럼 피부가 울긋불긋하고 핏줄이 까맣게 변해 울룩불룩했어요. 틈만 나면 사람을 물려고 안간힘을 썼지요.

"으악! 사람 살려!"

사람들의 비명 소리에 지호는 귀가 먹먹해졌어요. 더 이상 사람들만 따라다닐 수는 없었지요. 히어로답게 앞으로 나서서 좀비 떼를 물리쳐야 했어요.

'히어로의 능력에는 뭐가 있더라?'

지호는 게임 설명을 더 자세히 봐 두지 못한 것이 아쉬웠어요. 분명 특별한 능력이 있을 텐데 말이에요.

그때 어떤 여자아이가 지호 앞에서 넘어졌어요. 그리고 그 여자아이를 바라보며 달려오는 좀비가 있었어요.

"안 돼! 아이를 내버려 둬!"

지호는 여자아이를 얼른 일으켜 공중전화 부스 안에 피신 시켰어요. 그러고는 달려오는 좀비를 향해 몸을 날렸어요. 발차기로 한 번 배를 강타했지요. 좀비는 바닥에 쓰러졌다가 금세 일어나 달려들었어요. 더러운 이빨을 드러내 보이면서 말이에요.

지호는 눈을 질끈 감고 이번에는 오른쪽 주먹에 힘을 주고 팔을 쭉 뻗어 좀비의 가슴팍을 퍽 때렸어요. 좀비가 휘청하는 사이에 지호는 돌려차기로 좀비 머리를 세게 공격했어요. 좀비는 바닥에 아예 나동그라진 채 일어나지 못했어요.

이상해요. 지호는 태권도를 배운 적이 없어요. 그런데 주먹이 세고, 발차기도 강력했어요. 역시 히어로다웠지요.

지호는 여자아이를 밖으로 빼낸 뒤 손을 잡고 같이 달렸어요.

"엄마!"

"어머, 효주야!"

지호의 코딩 노트

▶ **게임 만드는 프로그래머가 되려면?**

'어떤 게임을 만들까? 어떤 게임이 좋은 게임일까?'를 꾸준히 고민해야 해요. 그다음 기본적으로 프로그래밍 언어, 즉 코드를 배워야겠지요. 파이썬, C언어, 자바, 펄, 루비 등 수많은 프로그래밍 언어 중에서 자신이 쓰기 편한 언어를 선택하면 돼요. 그 밖에 게임 엔진, 서버, 네트워크 등 컴퓨터와 관련된 전반적인 기술도 알아야 해요. 프로그래밍을 하다 보면 뜻하지 않은 문제에 부딪칠 수도 있는데, 그럴 때 인내심을 갖고 논리적인 사고로 문제를 해결하는 방법도 훈련해야 해요.

어떤 아줌마가 다가와 여자아이를 번쩍 안았어요.

"이 오빠가 나 구해 줬어."

"정말? 번개 히어로가 우리 딸을 구해 주셨군요. 정말 고맙습니다."

아줌마는 꾸벅 인사를 하더니 아이를 데리고 급히 사라졌어요.

지호는 가슴이 벅차올랐어요. 달라진 건 머리 색깔뿐인 듯했는데 힘이 세어지고 달리기도 아주 빨라요. 어떤 좀비라도 다 물리칠 수 있을 것만 같았어요.

그런데 지호도 엄마가 보고 싶어졌어요.

"집에 돌아가고 싶어. 어디로 가면 되지?"

지호는 문득 맨홀 뚜껑이 다시 떠올랐어요. 처음 왔던 장소를 찾으려고 지호는 여기저기 찾아 헤맸어요. 그러는 동안에도 좀비 떼들은 아무 곳에서나 불쑥 튀어나왔어요. 좀비들을 피해 목적지로 가는 것이 아주 험난하게 느껴졌지요.

그러다 낯익은 빌딩이 보여 그쪽으로 달려가는데 나무에서 갑자기 뭔가가 툭 떨어졌어요. 지호 바로 앞에 떨어진 그것은, 다름 아닌 할머니 좀비였어요. 허리가 굽고 깡마른 할머니 좀비는 걸음만큼은 무지 빨랐어요.

"크하악!"

할머니 좀비는 지호에게 바짝 다가오며 침을 질질 흘렸어요.

"왜 이러세요?"

지호는 깜짝 놀라 빌딩 쪽으로 더 빨리 뛰었어요. 거의 다 왔다 싶을 때, 할머니 좀비의 손톱이 지호 바지 주머니에 턱 걸렸어요.

둘은 같이 바닥에 나동그라졌어요. 지호는 네 발로 기어 맨홀 뚜껑으로 겨우 다가갔어요. 맨홀 뚜껑이 몇 걸음 앞에 보였어요.

할머니 좀비 역시 어기적어기적 기어 오며 손을 뻗었어요.

"저리 가란 말이에요!"

지호는 하는 수 없이 할머니 좀비 어깨를 발로 걷어차 버리고는 맨홀 뚜껑 안으로 몸을 가까스로 던졌어요.

"으아아악!"

눈을 감았다 떴을 때, 지호는 방 침대 위에 대자로 뻗어 있었지요. 기운이 하나도 없었어요.

한참 뒤 몸을 벌떡 일으켜 컴퓨터를 보니 게임 화면이 그대로 켜져 있었어요.

"꿈을 꿨나?"

지호는 자기 몸을 거울에 비추어 보았어요. 파랑 머리 번개는 온데간데없었지요.

그때 휴대폰이 울렸어요. 꽃별이 전화였어요.

코딩 교육의 중요성을 말하는 사람들

"코딩은 생각하는 법을 가르쳐 준다."
_ 故 스티브 잡스, 애플 창업주

"코딩은 사고력과 문제 해결 능력을 향상시킨다."
_ 빌 게이츠, 마이크로소프트 창업주

"코딩은 (글자) 읽기와 쓰기만큼이나 중요하다."
_ 마크 주커버그, 페이스북 창업주

해외 코딩 교육 사례들

에스토니아
1992년부터 공교육 과정에 코딩 포함.
초등학교 1학년 때부터 코딩 교육 시작.

영국
2014년을 '코드의 해'로 정하고 5세부터 16세까지 공교육 과정에 코딩 포함.
정부가 나서서 MS, 구글, IBM 등과 함께 코딩 교육 교사 양성.

핀란드
2016년 코딩 교육 의무화. 초등학교 1~2학년은 기초 교육,
3~6학년은 코딩 교육 본격화, 7~9학년은 스스로 알고리즘 짤 수 있도록
프로그래밍 언어 1개 이상 마스터.

스웨덴
2018년 가을 학기부터 코딩 교육 의무화.
초등학교 1학년부터 코딩 교육.
기존 과목인 수학과 기술에 코딩 관련 내용 포함.

미국
플로리다, 아칸소, 캘리포니아 등에서 정규 교육 과정에 코딩 포함.
2016년 SW 교육 지원 위해 40억 달러 규모 기금 조성.
대학 입학 시험(SAT) 선수 과목(AP)에도 컴퓨터 프로그래밍 추가.

중국
2001년 초등학교 3학년부터 연간 70시간 이상 SW 교육 실시.
고등학교는 인공 지능 수업 필수. 코딩 사교육 성행.

인도
2010년부터 SW 교육을 초·중·고 필수 과목으로 지정.
고등학교 때 C++, 자바 스크립트 등 주요 코딩 언어 학습.
코딩 사교육 성행.

누구나 코딩을 할 줄 알아야 할까요?

 선생님, 저는 커서 프로그래머가 될 게 아니라고요.
프로 게이머라면 몰라도요! 그런데 저 같은 사람이 왜 굳이
코딩을 배워야 해요?

 어허, 프로그래머 될 사람만 코딩 배우란 법 있냐?
다 배워 두면 쓸모가 있는 것이란다.

 어떤 쓸모요? 그런 거 하나도 없던데요. 심지어 게임할 때도
전혀 도움 안 되거든요!

 게임을 할 때든 공부를 할 때든 누구에게나 어떤 어려움이나
문제에 부딪치게 마련이지. 그럴 때마다 문제를 해결하기 위해
논리적으로 생각하는 법이 꼭 필요하거든.
논리력, 그게 바로 코딩의 핵심이야!

 칫, 그런데 초등학생한테는 너무 어렵단 말이에요.
다 영어로 되어 있고, 복잡하고, 조금만 틀려도 프로그램 생성이
안 되잖아요.

프로그램 만드는 게 어디 쉬운 일이겠냐? 하지만 그리 어려울 것도 없어. 쉬운 것부터 차근차근 알아 나가면 되는 거야. 컴퓨터 언어인 코드를 입력하면서 논리적으로 생각하고, 문제를 스스로 해결해 나가는 능력을 배우는 게 중요한 거지.

코딩을 배운다고 해서 나중에 꼭 컴퓨터 프로그램을 개발하거나 관련된 일을 해야 하는 것은 아니라는 거죠?

당연하지! 학교에서 배우는 코딩은 맛보기 정도에 불과하거든. 그걸 직업으로 삼으려면 나중에 더 전문적인 공부를 해야 한단다.

알겠어요. 그럼 수업 빠지지 않고 잘 들을게요. 4차 산업 혁명에 대비해 코딩 정도야 기본으로 알고 있으면 좋을 것 같긴 해요. 헤헤.

코딩 교육 의무화, 과연 꼭 필요할까요?
이스라엘, 영국, 핀란드 등에 이어 우리나라도 2019년부터 초등학교 5~6학년에서 코딩 교육이 의무화되었어요. 2017년에 중학교 입학한 학생들은 소프트웨어 교육이 의무화되었고, 고등학교에서는 '정보' 과목이 필수 과목으로 바뀌기도 하였지요.
이렇듯 학교 안에서 모든 학생에게 코딩 교육을 하게 된 이유는 무엇인지 생각해 보세요.

O, X 퀴즈

다음 내용을 읽고 맞으면 O, 틀리면 ×로 표시하세요.

1. 우리나라는 세계 최초로 코딩 교육을 학교에서 의무화하였다.
2. 코딩 교육은 논리적인 사고력과 문제 해결력을 키워 준다.
3. 프로그래밍 언어는 C언어와 자바, 두 가지가 있다.
4. 코딩은 컴퓨터뿐 아니라 태블릿, 스마트폰, 전기밥솥 등 온갖 전자 기기에도 적용된다.
5. 프로그래밍 언어는 세계 공용어로서 한국어를 주로 사용한다.

정답: ①X, ②O, ③X, ④O, ⑤X

 똑같은 고백

"꽃별아, 미안. 내가 다른 게임에 정신이 팔려서……. 진짜 미안해."
지호는 전화를 받자마자 싹싹 빌었어요.
"괜찮아. 나도 조금 바빴어. 그런데 너 코딩 숙제 다 했어?"
꽃별이가 다른 때와 달리 차분하게 말했어요. 원래 약속 어기는 걸 아주 싫어하는데 말이에요.
"코딩이 활용된 사례 조사해 오기?"
"응, 나 좀 알려 줘. 아직 못 했어."
"내가 이메일로 보내 줄게."
지호는 마침 미안하던 차에 도움을 줄 수 있어 그나마 다행이라고 생각했어요.

"고마워! 그런데 지호야! 너 혹시……."

꽃별이가 갑자기 말끝을 흐렸어요.

"혹시 뭐?"

"아, 아무것도 아니야."

꽃별이는 서둘러 전화를 끊었어요. 무슨 말을 하려던 건지 지호는 몹시 궁금했어요. 하지만 게임에서 빠져나온지 얼마 되지 않아 너무 피곤해서 곯아떨어지고 말았어요.

다음 날 아침 지호는 기억을 더듬어 보았어요. 아무리 생각해도 말이 안 되잖아요. 듣도 보도 못한 새로운 게임에 초대된 것도 이상한데, 순식간에 그 게임 속으로 빨려 들어갔다가 나오다니요! 친구들도 아무도 안 믿어 줄걸요.

학교에 갔더니 꽃별이가 자리에 앉아서 손톱을 잘근잘근 씹고 있었어요.

"무슨 일 있어?"

지호는 걱정스러운 목소리로 물었어요. 꽃별이가 불안하고 가슴이 두근거릴 때 손톱을 씹는다는 것을 지호는 알고 있었거든요.

"지호야, 나 사실은……."

"뭔데 그래?"

꽃별이는 갑자기 지호 손을 붙들고 복도로 나갔어요.

"내 얘기…… 안 믿어도 좋아."

"그래. 어서 말해 봐."

"사실은 어제 이상한 경험을 했어. 너랑 같이 게임하려고 컴퓨터를 켰는데, 글쎄 이상한 초대장이 와 있지 뭐야."

지호의 코딩 노트

코딩이 우리 주변에 활용된 사례

우리가 흔히 볼 수 있는 대부분의 가전제품이나 기계에는 코딩이 적용되어 있어요. 사람이 원하는 것을 하게끔 만드는 것이 바로 코딩의 핵심이에요.

전기밥솥   흰쌀밥, 잡곡밥, 죽, 찜 등 원하는 버튼을 누르면 그에 맞게 요리를 해 주어요.

엘리베이터   숫자를 누르면  그 층에 가서 멈추도록 설계되어 있어요.

신호등   일정한 순서대로, 일정한 시간이 흐르면 불빛이 바뀌어요.

무인 주문기   물건을 고르고 값을 지불하면 주문이 완료되어요.

자판기   물건을 고르고 값을  지불하면 물건이 기계 밖으로 나와요.

꽃별이가 심호흡을 한 번 했어요.

"뭐? 너도?"

지호는 정말 놀라서 눈이 튀어나올 뻔했어요.

"지호 너도?"

"응, 그래서 게임을 하려고 시작 버튼을 찾다가 없어서……."

"맨홀 뚜껑!"

"헉! 맞아!"

둘은 서로 손뼉을 마주 대고 쩍 소리가 나게 쳤어요.

알고 보니 둘은 같은 시간에 같은 경험을 한 거예요. 맨홀 뚜껑을 클릭하자마자 몸이 게임 속으로 빨려 들어갔고, 자기가 선택한 캐릭터가 되어 좀비를 물리치며 사람들을 구한 것이지요.

"난 파랑 머리, 번개였어."

"난 고양이 전사, 미얌!"

둘은 너무 반갑고 신이 나서 게임에서 일어난 일을 서로 말해 주기 바빴어요. 그

러다 문득 깨달았어요.

"그런데…… 아무도 안 믿어 주겠지?"

지호가 갑자기 어깨를 늘어뜨리며 말했어요.

"그러게 나라도 못 믿겠어. 우리 이제 어쩌지?"

꽃별이도 한숨을 쉬며 고개를 떨구었지요.

"솔직히 재미있었어. 지금까지 했던 어떤 게임보다도!"

"맞아, 나도 그랬어. 자꾸 생각나."

둘은 서로 고개를 끄덕이며 계속 게임 얘기를 이어 나갔어요.

"그런데 게임 속에 그렇게 들어갔다가 나와도 되는 걸까?"

꽃별이가 주위를 살피며 걱정되는 듯 물었어요.

"너무 실감 나고 좋던데, 좀 무섭긴 하더라. 못 나오면 어쩌나 하고."

지호 역시 걱정이 되기는 마찬가지였어요.

"꽃별아, 오늘 우리 집에 갈래? 둘이 같이 있을 때는 어떻게 되는지 한번 시험해 보자."

"그럴까?"

둘은 걱정 반, 기대 반의 눈빛으로 손가락을 걸고 약속했어요.

그리고 학교가 끝나자마자 뒤도 안 돌아보고 지호 집으로 같이 달려 갔지요.

 ## 초특급 이벤트

지호 집에는 아무도 없었어요.

"잘됐다. 어서 들어와."

둘은 방에 들어가 가방부터 내려놓고 떨리는 손으로 컴퓨터를 켰어요. 그리고 〈히어로 앤 좀비〉 사이트로 바로 들어갔어요.

번쩍번쩍 화려한 첫 화면이 어서 들어오라고 손짓하는 것 같았어요.

"잠깐만."

꽃별이가 지호 손등을 가만히 붙들었어요.

"앗, 깜짝이야. 왜?"

"어쩌려고? 또 들어가려고? 아무래도 좀 위험하지 않을까?"

꽃별이가 침을 꼴깍 삼키며 물었어요.

"아니, 일단 게임 방법 좀 자세히 알아보려고. 우리가 게임 속으로 들어가지 않고도 할 수 있는 방법이 있지 않을까?"

"그래, 한번 천천히 둘러보자."

둘은 옹기종기 몸을 붙이고 화면을 자세히 훑어보았어요.

그때 쪽지가 또 도착했어요.

"뭐지?"

지호가 단숨에 쪽지를 열었어요.

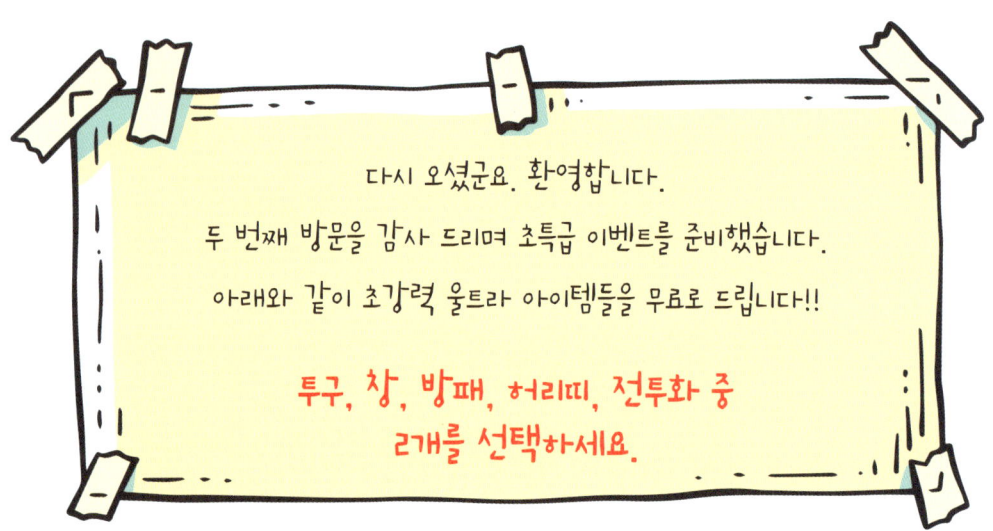

단지 두 번째 방문일 뿐인데 초강력 아이템들을 그냥 선물로 준다는 것이었어요.

"잠깐만, 나는?"

꽃별이가 벌떡 일어나며 소리쳤어요.

"이건 내 컴퓨터니까 나만 받을 수 있지 않을까?"

지호가 머리를 긁적이며 말했어요.

"지호야, 나 집에 가서 아이템 받을 테니까 꼼짝 말고 기다려. 혼자 시작하지 마!"

어느새 꽃별이는 가방을 메고 신발을 신더니 현관문을 쾅 닫고 나갔어요.

초특급 이벤트 소식에 꽃별이는 망설임 따위 없이 집으로 달려가 버렸지요. 지호는 어이가 없어서 웃음만 나왔어요.

지호는 아이템 중에서 창과 방패를 다운받았어요. 다른 어떤 게임에서도 이렇게 좋은 아이템들을 선물로 받은 적은 없었어요. 돈을 내고 아이템을 사거나 힘들게 점수를 올려야 겨우 작은 아이템을 얻을까 말까 했지요.

얼마 후 꽃별이에게서 전화가 왔어요.

"양지호! 빨리 들어가자. 나 투구랑 전투화 장착했어!"

"정말? 잠깐 기다려. 나도 아이템 좀 적용하고."

지호도 다운받은 아이템들을 서둘러 캐릭터에 적용시켰어요.

"그런데 지호야, 우리 꼭 같이 다니자. 그리고 나올 때도 꼭 같이!"

"걱정 마! 그렇게 할게. 셋을 세면 같이 들어가자."

둘은 화면 속 맨홀 뚜껑을 향해 동시에 마우스를 움직였어요.

"하나, 둘, 셋!"

 거대 좀비가 나타났다!

눈부신 맨홀 뚜껑을 통과하여 둘은 게임 속으로 무사히 도착했어요. 혼자가 아닌, 둘이라서 이번에는 덜 무섭고 왠지 든든했지요.

"어디로 갈까?"

투구를 쓰고 전투화를 신은 꽃별이가 씩씩하게 물었어요.

"학교 쪽으로 가 보자. 아이들이 위험할 수도 있으니까."

방패와 창을 든 지호가 고개를 돌리며 말했어요.

"이곳에도 학교가 있어?"

지호의 코딩 노트

🖱 캐릭터로 코딩 배우기

귀여운 캐릭터를 통해 좀 더 쉽게 코딩을 배울 수 있어요.
긴 글자로 이루어진 코드가 아니라 마우스로 드래그하여 명령어를 끌어오는 방식, 즉 블록형 언어가 발달함에 따라 초보자나 어린 학생들도 쉽게 코딩을 할 수가 있어요. 대표적으로 영화 주인공이 등장하여 코딩을 재미있게 배우게 하는 프로즌, 스타워즈 등이 있어요. 또 명령어를 통해 주어진 과제를 수행하는 마인크래프트 코딩 도구도 있지요.
스크래치는 코딩 교육에서 빼놓을 수 없는 가장 유명한 도구로서, 고양이 캐릭터를 통해 코딩의 원리를 익히게 만들어 주어요. 또 엔트리봇은 교과 연계형 코딩 도구로서 애니메이션도 만들어 볼 수 있어요.

"저번에 지나가다 얼핏 봤어. 학교 안에 아이들이 숨어 있었어."

둘은 성큼성큼 걸어서 어느 초등학교 앞에 다다랐어요.

교문 앞은 누군가 흘리고 간 옷가지들과 한 짝뿐인 신발들, 가방과 학용품 등이 마구 뒤엉켜 쌓여 있었어요. 이 근처에서 좀비들과 사람들이 한바탕 쫓고 쫓기는 소동이 일어났던 것이 틀림없어요.

"들어가 보자."

둘은 최대한 소리를 낮추어 살금살금 교문 안으로 들어갔어요. 지호는 앞을 보고, 꽃별이는 뒤를 보며 주변 경계를 늦추지 않았어요.

운동장을 가로질러 건물 안으로 들어가니 복도 끝에서 소곤거리는 말소리가 들렸어요. 둘은 천천히 그쪽으로 다가갔어요.

창문을 통해 들여다보니 아이들 셋이 모여서 책상 밑에 웅크리고 있었어요.

"얘들아, 괜찮니?"

지호가 문을 열고 말했어요.

"앗, 깜짝이야!"

한 아이가 일어나며 책상에 머리를 찧었어요.

"우리랑 같이 가자. 집이 어디야?"

꽃별이가 물었어요.

"학교에서 조금 멀어. 걸어서 20분 정도? 얘들은 내 동생이야."

머리 찢은 아이가 말했어요.

"알았어. 자, 가자!"

지호와 꽃별이는 세 아이를 데리고 학교 밖으로 나왔어요. 아이들 집은 육교를 넘어서 더 걸어가야 한다고 했어요.

육교는 생각보다 크고 길었어요. 높은 곳에 있으니 눈에 잘 띄기도 했고요.

"자세를 조금 낮추고, 나를 따라 걸어. 알았지?"

지호가 앞장섰어요. 아이들 셋이 뒤따르고 맨 뒤에는 꽃별이가 따라갔어요.

계단을 올라 육교 중앙을 가로지르고 있을 때였어요. 어디선가 쿵쿵 소리가 나며 땅이 흔들렸어요.

"저기!"

가장 어린 아이가 소리를 지르더니 입을 틀어막았어요.

육교 아래 찻길에서 좀비 떼들이 서로 뒤엉키듯 앞서거니 뒤서거니 하며 계단을 오르기 시작했어요.

"나한테 맡겨! 다 박아 줄게!"

꽃별이가 뒤돌아 두 다리를 든든하게 딛고 외쳤어요. 지호는 아이들을 데리고 반대편 계단으로 내려갔어요. 가면서도 자꾸 걱정이 되어 뒤돌아보았지요.

좀비 떼가 가까이 다가오자 꽃별이는 두 발을 쿵쿵 구르며 기합을 넣었어요.

"이야아아압!"

그때 전투화 발끝에서 지지직 소리가 나더니 바닥을 통해 전기가 찌릿찌릿 움직였어요. 그러더니 좀비 떼들이 그것에 감전된 듯 몸을 부르르 떨며 하나둘 쓰러졌어요.

"크으핫!"

좀비 떼들은 급기야 뒤로 벌러덩 나자빠지며 계단 아래로 마구 굴러 떨어졌어요.

"잘했어, 꽃별아! 빨리 와!"

지호가 소리쳤어요.

꽃별이가 웃으며 달려왔어요. 그런데 조금 뒤, 넘어진 좀비들을 무자비하게 밟으며 달려오는 무언가가 보였어요. 그것은 덩치가 아주 큰, 거대 좀비였어요.

"앗, 저건 캐릭터 고를 때 본 적 있어. 꽃별아, 조심해!"

지호는 깜짝 놀라 달려가며 외쳤어요.

꽃별이는 뒤를 돌아보았어요. 바로 그때 거대 좀비가 흉측하게 웃으며 꽃별이 허리를 한 손으로 움켜잡았어요.

"으악!"

미래 사회 핵심 역량을 키우는 코딩 교육

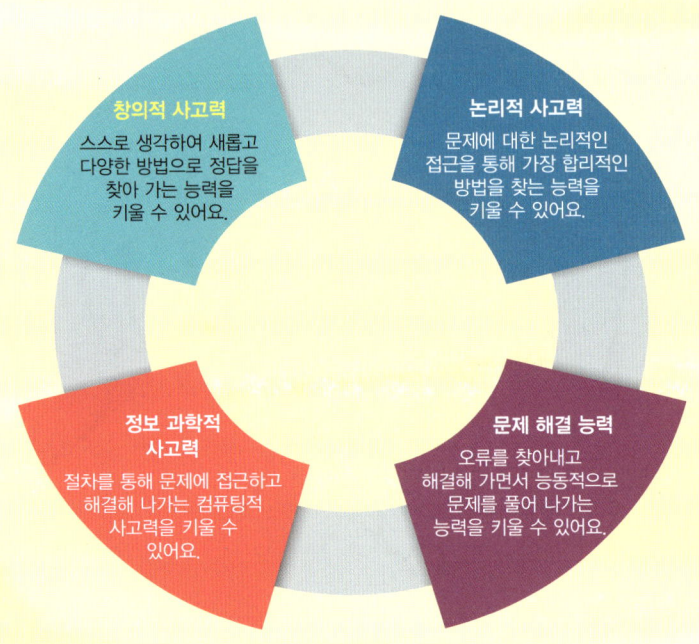

우리나라 코딩 교육은 어떻게 하고 있을까?

초·중·고 2015년 교육 과정 개편 내용

구분	현행	개편안	주요 개편 방향
초등학교 (2019~)	실과 내 ICT 단원 (12시간)	실과 내 SW 기초 교육 실시 (17시간 이상)	• 문제 해결 과정, 알고리즘, 프로그래밍 체험 • 정보 윤리 의식 함양
중학교 (2018~)	'정보' 과목 (선택 교과)	'정보' 과목 34시간 이상 (필수 교과)	• 컴퓨팅 사고 기반 문제 해결 • 간단한 알고리즘, 프로그래밍 개발
고등학교 (2018~)	'정보' 과목 (심화 선택 과목)	'정보' 과목 (일반 선택 과목)	• 다양한 분야와 융합해 알고리즘, 프로그램 설계

2019 코딩 정규 교과 편성 선생님들은 어떻게 생각할까?

— 현직 교사 3010명 설문 조사
— 자료: 시공미디어(2018)

코딩, 아이들에게 꼭 필요할까?

필요하지 않다 35.9%
64.1% 필요하다

교사 코딩 연수, 현실은 어떠한가?

Q. 연수 잘되고 있나?

70.1% 아니다

Q. 코딩 정규 교과 편성에 대한 생각은?

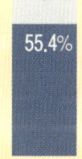

44.5% 부정적
55.4% 긍정적

Q. 부정적인 이유?
1. 코딩 교육의 효과 의심
2. 교사 양성 대책 미비
3. 기타

Q. 가장 필요한 연수는?

효율적으로 코딩을 가르치는 교수법	45.4%
코딩 기본 개념 연수	22%
코딩 문제 풀이 위주의 연수	17%
코딩을 결합한 심화 교과 연수	11.4%

토론왕 되기!

코딩의 발달, 어디까지 왔을까요?

지금까지 인간은 좀 더 편리한 생활을 누리기 위해 전기를 다루게 되었고, 컴퓨터를 개발해 인간 생활의 거의 모든 영역에 그 기술을 적용하며 살아왔어요. 컴퓨터 하면 무엇이 떠오르나요? 내 방 책상 위에 놓인 데스크탑 컴퓨터, 또는 노트북 컴퓨터나 태블릿 피시가 가장 먼저 떠오를 거예요. 모습은 달라도 컴퓨터의 원리나 시스템이 장착된 도구나 물건은 우리 주변에 많이 있어요.

 네? 말도 안 돼요. 에어컨이 컴퓨터라니요? 자동차가 컴퓨터라고요?

 컴퓨터의 원리와 시스템이 적용된 물건이니까 그렇게 말한 거야. 지호 너도 에어컨이나 자동차, 엘리베이터에 컴퓨터처럼 알아서 척척 해 주는 똑똑한 기능이 있다는 건 알지?

 그거야 리모컨이나 버튼을 누르면 저절로 되는 거잖아요? 그게 어째서 컴퓨터라는 거예요?

 네 말이 맞아. 누르기만 하면 '저절로' 되는 게 바로 컴퓨터야. 그런데 그게 정말 저절로 되는 걸까? 그 안에는 사람에게 편리한 기능을 개발해서 프로그램으로 짠 코딩이 존재하고, 그게 바로 컴퓨터의 원리란다.

그럼 스마트폰, 로봇 청소기, 무인 주문기, 자동판매기, 신호등, 자동문도 그 속에 다 컴퓨터가 들어 있는 거나 마찬가지네요?

그렇지! 우리 생활 속 거의 대부분은 코딩으로 이루어져 있다고 해도 과언이 아니야. 인간의 노동이나 노력을 대신하여 업무를 수행하고, 인간을 도와주는 컴퓨터와 로봇은 모두 인간의 언어를 컴퓨터가 알아들을 수 있게 바꾸어 입력해 주는 '코딩'이 있기 때문에 가능한 존재지.

참, 요즘에는 인간이 만든 인공 지능 로봇이 알아서 코딩을 하기도 하고, 인간에게 코딩 하는 법을 가르쳐 주기도 한대요.

그러니 인간의 지능과 기술력이 얼마나 뛰어난지 짐작할 수 있겠지?

네! 인간은 정말 대단한 것 같아요.

인간이 편리하게 살 수 있도록 도와주는 코딩과 컴퓨터 프로그래밍에 대해서 여러분은 어떤 생각을 가지고 있는지 함께 나누어 보세요. 혹시 우리 주변에서 꼭 필요할 것 같은 프로그램이 머릿속에 떠오른다면 이야기해 보세요.

가로세로 퍼즐 맞추기

다음 설명을 읽고 빈칸에 들어갈 말을 채워 보세요.

가로 열쇠

1. 컴퓨터 언어인 코드를 논리적으로 입력하는 것을 뜻해요.
4. 데이터를 나타내는 최소 단위로 0과 1이에요.
5. 사람마다 다르게 생긴 손가락 피부의 무늬를 뜻해요.
7. 어떤 대상을 마음대로 통제하고 다룬다는 뜻이에요.
8. 글을 읽고 이해하는 것을 뜻해요.
9. 인간의 지능을 컴퓨터에 구현해 놓은 시스템을 말해요.
12. 전 세계적으로 연결된 컴퓨터 네트워크를 뜻해요.

세로 열쇠

1. 인간의 언어가 아닌 컴퓨터 언어를 뜻해요.
2. 원래 벌레라는 뜻으로, 컴퓨터 프로그램이나 시스템에서 착오가 생긴 것을 뜻해요.
3. 움직이는 시체라는 뜻으로 공포 영화에 많이 나와요.
6. 어떤 문제를 해결하는 능력을 뜻해요.
10. 지식을 배우고 익히는 것을 뜻해요.
11. 입력된 정보를 프로그래밍에 따라 처리하는 전자 기기를 말해요.

정답
가로 열쇠
① 코딩 ④ 비트 ⑤ 지문 ⑦ 장악 ⑧ 독해 ⑨ 인공 지능 ⑫ 인터넷
세로 열쇠
① 코드 ② 버그 ③ 좀비 ⑥ 문제 해결 ⑩ 학습 ⑪ 컴퓨터

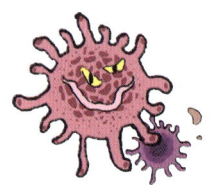

✚ 위험한 싸움

"안 돼!"

지호가 달려가며 소리쳤지만 한발 늦었어요.

거대 좀비는 한 손으로 꽃별이를 번쩍 들어 올리더니 매서운 눈으로 노려보았어요. 꽃별이는 눈을 질끈 감고 두 손을 맞잡은 채로 매달려 있었지요. 투구는 어느새 벗겨졌고, 신고 있던 전투화도 금세 벗겨질 것처럼 대롱대롱 발끝에 걸려 있었어요.

"꽃별아, 조금만 기다려. 내가 구해 줄게!"

지호는 세 아이를 내려가는 계단에 숨겨 놓고 거대 좀비 쪽으로 달려 갔어요. 방패를 앞으로 내밀자 새파란 불빛이 강력하게 쏟아지며 거대 좀비 눈을 어지럽혔어요.

"크으윽!"

거대 좀비는 두 눈을 찡그리며 몸부림쳤어요. 꽃별이 몸도 심하게 흔들렸지요.

이번에는 지호가 들고 있던 창을 거대 좀비를 향해 힘껏 던졌어요. 휙 소리를 내며 날아간 창은 아쉽게도 거대 좀비 발 앞에 떨어지고 말았어요. 거대 좀비가 비웃으며 계단으로 내려가려고 했어요.

"꽃별이 내놔! 야, 이 좀비야!"

지호가 울부짖듯 외쳤어요.

'좀비'라는 소리에 움찔한 거대 좀비는 몹시 화가 나 보였어요. 꽃별이를 바닥에 던지듯 내려놓았어요. 그러고는 지호를 향해 쿵쿵 뛰어왔어요.

"내가, 좀비, 라고?"

굵고 거친 목소리가 흘러나왔어요.

"그럼 아니야? 누가 봐도 좀비 맞잖아! 내 친구를 괴롭히지 마!"

지호가 꽃별이를 쳐다보며 고함을 질렀어요.

"날 좀비로, 만든 게, 누군데?"

거대 좀비는 자기 가슴을 쾅쾅 내리쳤어요.

"그걸 왜 나한테 물어?"

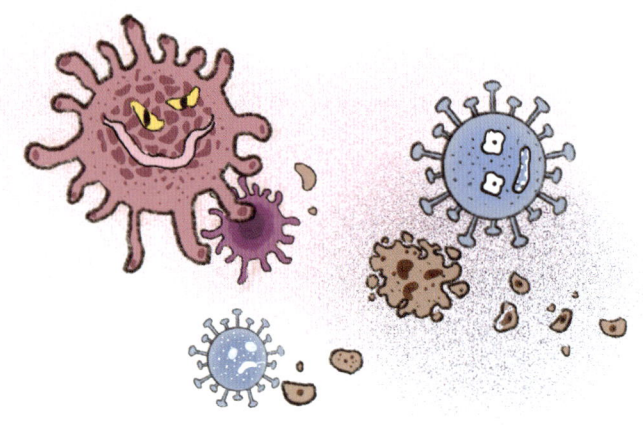

지호는 살그머니 방패를 다시 만졌어요. 다시 한번 광선을 쏘려고요. 가까이 있을 때가 바로 기회니까요.

"어디 거대 좀비 맛 좀 볼래? 너희도 다 나처럼 만들어 줄 테니까! 크하하하학!"

거대 좀비가 하늘을 올려다보며 소리치자 입안에서 검은 연기가 나오고 불꽃이 마구 튀어나왔어요. 놀란 지호는 그만 뒤로 넘어져 버렸지요. 방패가 힘없이 떨어져 굴러가 버렸어요.

거대 좀비가 지호 코앞으로 다가와 싸늘하게 내려다보았어요.

그때 뒤에 쓰러져 있던 꽃별이가 굴러온 방패를 들고 거대 좀비 뒤통수를 세게 내리쳤어요. 어디서 그런 힘이 솟아났는지 꽃별이는 기세등등했어요.

"크아악."

거대 좀비는 앞으로 쿵 고꾸라져 머리를 박고 기절했어요.

"고마워, 꽃별아!"

지호는 아이들과 꽃별이에게 이제 그만 가자고 했어요. 그런데 꽃별이가 이상했어요. 조금 전까지 웃고 있던 꽃별이가 갑자기 한쪽 팔을 감싸며 주저앉는 것이었어요.

"왜 그래?"

"앗, 팔이……."

소매를 걷어 보니 꽃별이 팔에 붉은 상처가 있었어요.

"좀비한테 물렸어? 그럼 누나도…… 좀비가 될지도 몰라."

한 아이가 벌벌 떨며 말했어요.

"아니, 물린 적은 없어."

꽃별이 눈동자가 흔들렸어요.

"꽃별아, 게임에서 나가면 괜찮아질 거야. 걱정하지 마."

"알았어."

꽃별이는 지호 눈을 바라보며 고개를 끄덕였어요.

지호는 아이들을 집까지 데려다주었어요. 그러고는 꽃별이와 함께 다시 맨홀 뚜껑을 찾아갔어요.

게임 밖으로 나온 지호와 꽃별이는 기운이 빠져 쓰러졌어요.

"여기가 어디야?"

꽃별이가 눈을 감은 채 겨우 물었어요.

"내 방이야. 좀 어때?"

"너무 무서웠어. 그런데 거대 좀비는 어떻게 그렇게 순식간에 강해지는 거지?"

꽃별이가 고개를 갸우뚱했어요.

"그러게 말이야. 다른 캐릭터들보다 훨씬 업그레이드 속도가 빠른 것 같아."

"우리도 그럴 수 있으면 좋겠다."

"코딩 샘한테 물어볼까?"

지호는 갑자기 방과 후 코딩 선생님이 생각났어요. 코딩으로 게임을 만드는 방법을 배운 적이 있거든요.

꽃별이는 대답이 없었어요. 조용히 코 고는 소리가 들렸지요. 지호 역시 너무 피곤해서 금방 곯아떨어졌어요.

한참 뒤, 눈을 떴을 때 꽃별이는 사라지고 없었어요.

"어디 간 거지?"

지호는 전화를 걸어 보았어요. 꽃별이는 받지 않았어요. 문자를 보내 보아도 대답이 없었지요.

"걱정되게 왜 이러는 거야? 혹시 무슨 일이 생긴 건가?"

방에서 왔다 갔다 하던 지호는 꽃별이 집에 가 보기로 했어요.

밖은 어두컴컴해지고 있었어요. 어두운 밤하늘을 보니 기분이 울적해졌어요.

"꽃별아! 나야, 지호!"

지호는 문밖에서 꽃별이를 불렀어요.

현관문이 열렸어요. 그런데 고개를 내민 것은 꽃별이 엄마였어요.

"우리 꽃별이, 자는데? 지호야, 혹시 무슨 일 있니? 꽃별이가 집에 오자마자 이불 뒤집어쓰고 잠만 자는구나."

"네? 아, 그게…… 오늘 친구들과 놀았는데 많이 피곤한가 봐요."

지호는 아무 말이나 나오는 대로 둘러댔어요. 그리고 아무렇지 않은 척 돌아왔어요.

집에 온 지호는 다시 문자를 보냈어요.

1 꽃별아, 괜찮아?
일어나면 연락 줘.

지호는 꽃별이가 걱정되어 밤새 잠을 설쳤어요. 꿈에서 꽃별이가 좀비가 되어 쫓아오기도 했어요. 식은땀 범벅이 되었지요.

또다시 꿈을 꾸다 놀라서 깬 지호가 시계를 보았어요. 학교 갈 시간이 다 되었어요.

　가방을 메고 학교까지 단숨에 뛰었어요. 교실에 들어섰는데도 꽃별이는 보이지 않았어요.

　그때 문자가 왔어요.

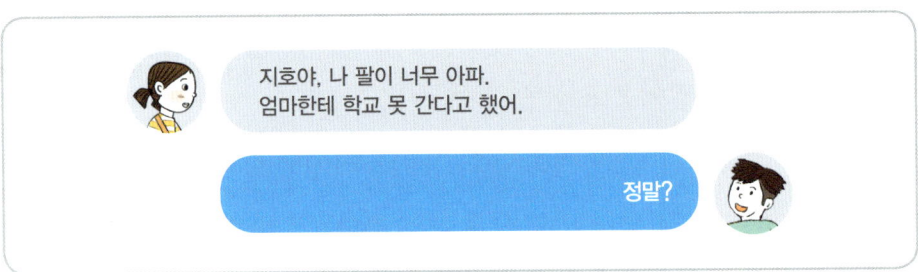

　지호는 하루 종일 수업 시간에 집중이 되지 않았어요.

　수업이 끝나자마자, 지호는 쏜살같이 달려 꽃별이에게 갔어요.

　"바보야, 그렇게 아픈데 왜 이러고 있어?"

　"병원 갔는데 좀비 바이러스라도 걸렸다고 하면 어떡해? 내가 좀비가 되면……."

　꽃별이 눈에 눈물이 그렁그렁했어요.

　"그런 소리 하지 마! 절대 그럴 리가 없다고!"

　지호는 꽃별이 손을 잡고 강제로 밖으로 나왔어요. 꽃별이는 긴소매로 팔을 가리고 있었어요.

지호는 일단 약국에서 연고를 사서 꽃별이에게 주었어요. 그리고 절대 꽃별이를 포기하지 않겠다고 손가락을 걸고 약속했어요.

둘은 길 건너 병원으로 향했어요.

진료 순서를 기다리는 동안 꽃별이 이마에 식은땀이 줄줄 흘렀어요. 손톱을 물어뜯기도 했어요.

아무리 지호가 괜찮다고 해도 걱정이 되는 건 어쩔 수 없는 일이었지요.

✚ 병원에서 만난 코코 샘

드디어 검사 결과가 나오는 날이었어요. 꽃별이는 바쁜 엄마 대신 이번에도 지호와 함께 갔어요.

"아픈 건 좀 어때?"

"통증은 좀 약해졌는데, 너무 무서운 꿈을 많이 꿔."

지호는 꽃별이가 걱정되었지만 겉으로 드러내진 않았어요.

꽃별이 차례가 되자 둘은 진료실로 성큼성큼 걸어 들어갔어요.

"흐음, 피 검사 결과는…… 다른 건 다 정상인데, 조금 이상한 성분이 발견되었다. 아주 미세한, 알 수 없는 성질의 그 무엇이 피 속에 녹아 있는 것 같은……."

의사 선생님은 횡설수설했어요.

"그게 무슨 뜻이에요?"

지호가 답답해서 물었어요.

"그러니까 아직 학계에 보고되지 않은, 무언가가 있다는 건데, 입원해서 더 검사를 받아 봐야 한다. 혹시 보호자는 없니?"

의사 선생님이 안경을 벗어 내려놓으며 물었어요.

꽃별이 눈동자가 마구 흔들렸어요. 입술은 바르르 떨렸지요.

"엄마 아빠 모두 바빠서 못 오시는데요."

"그럼 입원할 수가 없는데……. 그냥 보낼 수는 없고. 다음 환자가 기다리고 있으니 나가서 부모님께 연락 한번 드려 보거라."

"네."

둘은 어깨가 축 처진 채로 복도로 나왔어요.

"어떡해?"

꽃별이는 겁을 잔뜩 먹은 얼굴이었어요.

"다른 건 다 정상이라니까 걱정하지 마."

"검사를 더 해 봐야 한다잖아. 엉엉."

결국 꽃별이는 참았던 눈물이 터져 나왔어요.

"어? 너희들 여기서 뭐 해?"

그때 누군가 둘을 향해 반갑게 걸어왔어요. 방과 후 코딩 선생님이었

어요!

"선생님!"

지호가 벌떡 일어났어요.

선생님은 환자복 차림이었어요. 팔에는 깁스를 하고 다리에는 붕대가 감겨 있었지요.

"왜 다치신 거예요?"

지호가 묻자, 꽃별이도 울음을 그치고 고개를 갸우뚱했어요.

선생님은 둘을 병실로 데려갔어요.

"여기가 내 방이야. 앞으로도 일주일은 더 있어야 해."

선생님은 자동차 사고를 당해서 다친 거라고 했어요. 20년 동안 무사고 운전자였는데 이번에 처음 사고가 난 거래요.

"어쩌다 그랬어요?"

"사실은 이번에 자율 주행 자동차로 바꾸었거든. 그런데 한 달 정도 지나니까 갑자기 자동차가 조금씩 이상하더라고. 자율 주행인데 뭔가 부자연스럽고 상황에 맞지 않는 작동을 하더니……. 갑자기 다른 차들을 방해하고 담벼락에 가서 혼자 박더라고."

"왜 그런 걸까요? 고장이라도 난 걸까요?"

지호가 관심 있게 또 물었어요.

"경찰에서 자동차 해킹이래. 컴퓨터를 해킹하는 것처럼 자동차 시스템에도 해킹을 할 수가 있다는 거야."

"헉, 정말요?"

"응, 범인은 외국인인데 이 자동차 회사의 경쟁 업체에서 몰래 해커를 구해 자율 주행 프로그램에 결함이 있다고 소문 내려고 한 것 같아."

선생님과 지호가 자동차 이야기를 하는 사이, 꽃별이는 슬그머니 밖으로 나왔어요. 아무래도 입원해서 검사받는 것이 싫었거든요.

지호의 코딩 노트

▶ 해킹이란?

해킹이란 다른 사람의 컴퓨터를 무단 침입하여 데이터에 몰래 접속하여 정보를 훔치거나 시스템을 망가뜨리는 것이에요.

컴퓨터의 하드웨어, 소프트웨어, 웹사이트 등에 접근하여 엉뚱한 동작을 하게 하거나 정보를 복사하고 변경하는 등 여러 가지 피해를 주게 되지요. 최근에는 컴퓨터뿐 아니라 스마트폰, 자동차 등도 해킹의 대상이 될 수 있어 개인 정보 유출에 각별히 조심해야 해요.

지호는 꽃별이가 나간 것도 눈치채지 못했어요.

"선생님, 그런데 꽃별이가 위험해요. 도와주세요!"

"왜 위험하다는 거니?"

"사실은 저희가 게임을 새로 시작했는데요. 글쎄, 클릭을 하면 게임 속으로 우리가 직접 들어가는 거예요. 그래서 같이 들어갔는데 거기서 거대 좀비랑 싸우다가 꽃별이가 다쳤어요. 팔에 상처가 났고, 피 검사를 했더니 이상한 점이 발견되었대요. 설마 좀비 바이러스는 아니겠지요? 그런데 선생님, 제 말…… 안 믿으시죠?"

선생님 얼굴이 심각해졌어요.

"왜 안 믿니? 난 믿는다. 내가 퇴원하고 나면 너희를 도와주마."

"정말요? 감사합니다! 꽃별아, 잘됐지?"

지호가 꽃별이를 찾아 두리번거릴 때, 이미 꽃별이는 집 근처에 도착한 뒤였어요.

해킹은 도대체 왜 하는 것일까요?

다른 사람의 컴퓨터 시스템에 침입하여 정보를 빼내거나 시스템을 마비시키는 등 여러 가지 피해를 주는 해킹! 이는 명백히 범죄 행위라고 할 수 있어요. 해킹을 하는 사람을 해커라고 부르는데, 해커들은 도대체 왜 이런 일을 하는 것일까요?

샘, 고백할 게 있다니, 그게 뭐예요?

 이건 비밀인데, 사실 난 화이트 해커였단다.

 네? 정말요? 선생님이 해커였다니! 실망이에요! 해커들은 개인 정보, 국가나 기업의 중요한 정보를 빼내어 자신의 이익을 위해 쓰잖아요. 때로는 국가를 혼란에 빠뜨리기도 하고요. 선생님, 나빴어요!

 하하, 해커라고 전부 나쁜 해커는 아닌데? 꽃별이 너, 화이트 해커가 뭔지 모르는구나?

 화이트 해커? 그게 뭔데요?

 우리가 흔히 말하는 해커는 나쁜 의도로 해킹을 하기 때문에 블랙 해커라고 불러. 그런데 화이트 해커는 블랙 해커보다 한발 앞서 보안을 지켜 내거나 국가나 기업의 시스템 취약점을 발견하여 미리 알려 주는 역할을 하지.

 그럼 해킹으로 인한 피해를 미리 막아 준다는 거네요?

 그렇지, 바로 그거야! 컴퓨터에 대해 잘 알고 있는 사람이 그 뛰어난 실력을 좋은 일에 쓰면 얼마나 좋겠니?

 아, 나쁜 해커만 있는 건 아니네요. 선생님, 정말 멋진 사람이었군요!

해커들은 컴퓨터에 대해 잘 알고 기술이 뛰어난 사람들이 할 수밖에 없는데, 금지된 일이나 아주 어려운 일을 해냈을 때의 쾌감과 성취감 때문에 해킹을 한다는 주장도 있어요. 하지만 이 성취감은 올바른 것이 아니에요. 누군가에게 피해를 주는 성취감은 인정받을 수가 없어요.
우리 사회에서 해커를 없애려면 어떻게 하면 좋을지 의견을 나누어 보세요.

함께 풀어요, 코딩 퀴즈

1 다음 중 코딩으로 만들어지지 않은 것은 무엇일까요?

① 학교 홈페이지 ② 마인크래프트 게임 ③ 내비게이션 앱 ④ 종이 달력

2 코딩에 필요한 명령어를 텍스트로 일일이 입력하지 않고, 블록을 조립하듯 명령어 집합을 마우스로 끌어다 프로그램을 만드는 것을 무엇이라고 할까요?

① 명령어 코딩 ② 블록 코딩 ③ 텍스트 코딩 ④ 블랙 코딩

3 어떤 문제를 해결하기 위한 방법이나 순서를 공식화하여 표현한 것을 무엇이라고 할까요?

① 모더니즘 ② 페미니즘 ③ 알고리즘 ④ 휴머니즘

4 인간이 서로 생각이나 감정을 전달한다는 뜻으로, 요즘에는 인간과 컴퓨터 사이에도 이것이 중요하기에 코딩의 역할이 더욱 강조되고 있어요. '커뮤니케이션'이라고도 하는 이것은 무엇일까요?

① 부탁 ② 의사소통 ③ 충고 ④ 명령

정답: ①④, ②②, ③③, ④②

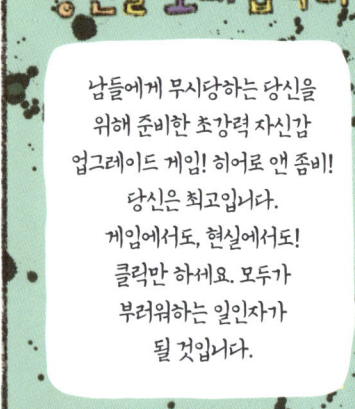

사라진 영락이

지호는 병원에서 나와 집으로 오면서 꽃별이에게 전화를 걸어 보았어요. 하지만 받지 않았지요.

"별일은 없겠지? 약 먹었으니까 당분간은 괜찮을 거야."

혼자 무서워하고 있을 꽃별이가 걱정되었지만 지호가 할 수 있는 일은 없었어요.

집에 돌아온 지호는 컴퓨터 앞에 앉아 곰곰이 생각해 보았어요. 만약 꽃별이가 정말 좀비 바이러스에 감염되기라도 한 거라면, 빨리 치료를 해야 할 것 같았지요.

"그래! 게임 속에 답이 있을지도 몰라. 거기서 걸린 거라면 거기에 가서 치료해야 하지 않을까?"

지호는 꽃별이와 바로 문자를 주고받았어요.

컴퓨터 전원을 켜는데 갑자기 엄마가 불쑥 들어왔어요. 하마터면 게임 속으로 들어가는 모습을 들켜 엄마를 놀라게 할 뻔했지 뭐예요.

"엄마, 왜요?"

"너 혹시 영락이 못 봤니?"

"걔는 왜요?"

"영락이 엄마가 그러는데 영락이가 학교에서 오지 않았대. 학원에도 없고, 집에도 없고, 도대체 어딜 간 걸까?"

엄마는 걱정스러운 듯 말했어요.

"게임방에 가거나 친구 집에 놀러 갔겠지요. 엄마가 왜 영락이 걱정을 해요?"

"넌 반 친구 일인데, 걱정도 안 되니? 암튼 나와서 저녁 먹어."

"네!"

엄마는 고개를 갸웃하며 나갔어요. 지호는 게임 속으로 들어가는 건 내일 해야겠다고 생각했어요. 거대 좀비를 피해 사람들을 구하고, 꽃별이 상처를 낫게 할 약도 찾아와야 해요. 어떤 전략으로 좀비를 물리칠

지 더 구체적인 계획이 필요했어요.

다음 날 아침, 꽃별이는 몸이 아파서 학교를 며칠 쉰다고 했대요. 꽃별이의 빈자리가 어느 때보다 크고 쓸쓸해 보였어요.

그런데 1교시가 시작했는데 영락이도 오지 않는 거예요. 엄마 말대로 영락이가 사라지기라도 한 걸까요?

"음, 영락이가 학교를 빠질 아이가 아닌데……."

선생님이 창밖을 보며 말했어요.

"당연하죠. 영락이는 급식이 맛있어서 학교 오는 걸요. 헤헤."

지호가 일부러 웃으며 말했어요. 갑자기 교실 분위기가 썰렁해졌어요.

"양지호! 친구가 왜 학교를 빠졌는지 걱정되지도 않아?"

선생님의 불호령에 지호는 가슴이 뜨끔했어요. 안 그래도 꽃별이 걱정만큼은 아니지만, 영락이에게 무슨 일이 생긴 건지 궁금하고 살짝 걱정도 되었거든요.

선생님은 영락이 엄마에게 전화를 걸었어요. 영락이가 어젯밤부터 집에 없었다는 걸 알고 선생님 얼굴은 심각해졌어요. 아이들도 수군거리기 시작했지요.

"양지호, 오늘 학교 끝나면 영락이 집에 한번 가 보거라."

단호한 선생님 말씀에 지호는 알겠다고 고개를 마구 끄덕였어요. 심지어 어떻게든 영락이를 찾아내야겠다는 생각도 들었어요.

4장 거대 좀비의 정체

 영락이의 비밀

지호는 학교 수업이 끝나자마자 곧장 영락이 집으로 갔어요.

"지호 왔구나."

영락이 엄마는 거실 바닥에 힘없이 주저앉아 있었어요.

지호의 코딩 노트

스마트워치

사물과 인간, 사물과 사물 사이를 인터넷으로 연결하여 정보를 수집하고 처리하는 사물 인터넷 중에 대표적인 것으로 스마트워치가 있어요.

스마트워치는 일반 시계보다 뛰어난 기능을 가지고 있어요. 시계와 휴대 전화의 기능뿐 아니라 나침반, 온도계, 계산기, 번역기, 게임, 미디어 플레이어로서도 역할을 하지요. 운동량과 심장 박동 수를 체크하고, 질병을 발견하며, 스트레스를 관리해 주는 등 의료 기기의 역할까지도 어느 정도 할 수 있어요.

컴퓨터만큼 다양하고 놀라운 기능을 가지고 있는 스마트워치는 '손목 컴퓨터'라고 불러도 과언이 아니랍니다.

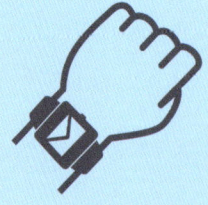  

"영락이 아직도 연락 없어요?"

지호는 막상 영락이 집에 와 보니 겁이 덜컥 났어요. 뉴스에서나 보던 무서운 일이 일어난 것만 같아서요. 영락이가 아무리 덩치가 좋아도 어른을 당해 낼 만큼은 아니니까요.

"지호야, 우리 영락이 대체 어딜 간 걸까? 스마트워치도 책상 위에 풀어 놓고 갔어. 경찰에 실종 신고는 해놓았어."

입술을 바르르 떠는 영락이 엄마를 보니 지호 마음도 좋지 않았어요. 평소에 만나기만 하면 으르렁대며 다투었는데 막상 영락이가 없어지니 몹시 불안했어요.

"영락이 방 좀 봐도 돼요?"

"응? 그래."

지호는 방문을 가만히 열고 들어갔어요. 영락이 침대와 책상, 물건들은 그대로인데 딱 영락이만 없었어요. 귀신이 곡할 노릇이었지요.

영락이 책상 위에는 최신형 컴퓨터가 설치되어 있었어요. 게임 얘기만 나오면 늘 자랑하곤 하던 그 컴퓨터였어요.

지호는 그냥 한번 마우스를 툭 쳤어요. 그러자 컴퓨터가 켜져 있다는 걸 알게 되었어요.

"어?"

모니터가 켜지면서 놀랍게도 〈히어로 앤 좀비〉 게임 화면이 나타났어요. 지호는 깜짝 놀라 입이 저절로 벌어졌지요.

"영락이도 이 게임에 초대받았나?"

지호는 의자에 앉아 아예 가까이에서 화면을 들여다보았어요.

영락이는 게임에 초대되기만 한 게 아니었어요. 게임 기록을 보니 거의 매일 게임을 했던 거예요. 학교에 오면 졸린 눈이 되었던 게 그래서였나 봐요.

"잠깐만."

지호는 두 눈이 휘둥그레졌어요. 영락이가 선택한 캐릭터는 히어로가 아닌, 좀비였거든요. 게다가 이미 획득한 아이템들이 어마어마했어요. 이 정도면 상당히 막강한 힘을 가진 좀비가 되었을 거예요.

"서, 설마……?"

지호는 가슴이 콩닥거렸어요. 꽃별이를 다치게 했던 거대 좀비의 얼굴과 영락이의 얼굴이 겹쳐서 떠올랐어요.

"날 이렇게 만든 게 누군데?"

거대 좀비가 했던 말도 번뜩 떠올랐지요. 날이면 날마다 서로 놀리고 다투던 기억이 새록새록 떠오르자, 지호는 처음으로 영락이 마음이 이해되었어요.

덩치가 크고 힘이 센 건 잘못이 아니에요. 그런데 지호를 비롯한 몇몇 친구들은 툭하면 영락이를 놀려 대곤 했어요. 물론 영락이도 지호에게 비실비실 개미라고 놀리고 잘난 척한다고 약 올린 적이 많아요. 한마디로 둘은 앙숙이었어요.

얼마 전에 꽃별이랑 게임 약속을 하던 날, 영락이가 같이 하고 싶다고 했을 때 '좀비'라고 놀리며 도망쳤던 것이 생각났어요.

"영락이가 나 때문에 정말로 좀비가 되어 버린 건가?"

지호는 가슴이 쿵 내려앉았어요.

화면을 자세히 들여다보니 거대 좀비가 마지막으로 접속한 날짜가 보였어요. 영락이가 사라진 시간과 비슷했지요.

"그럼 혹시 아직 게임 속에서 빠져나오지 못한 거 아니야? 바보, 적당히 하고 나와야지."

지호는 불길한 예감에 가슴을 쓸어내리며 영락이 방에서 나왔어요.

집에 돌아오니 문 앞에 꽃별이가 서 있었어요.

"꽃별아, 너 괜찮아?"

지호는 헐레벌떡 달려갔지요.

"응, 상처가 많이 아물었어. 그런데 아직은 좀 저릿저릿해."

"그렇구나. 참! 너, 영락이 없어진 거 모르지?"

지호는 주위를 두리번거리며 눈치를 살피다가 꽃별이를 놀이터로 데리고 갔어요. 그리고 조금 전 알게 된 사실을 다 말해 주었어요.

"정말? 어쩐지 거대 좀비 눈빛이 낯익다 했어. 말투도 그렇고……."

꽃별이의 커다란 눈에 눈물이 그렁그렁 맺혔어요.

"영락이를 구해야 해. 계속 거기에 있으면 안 되잖아."

지호가 눈을 부릅뜨고 말했어요.

"돌아오기 싫은 건 아닐까? 거기에서는 모두가 두려워하는 거대 좀비잖아. 무엇이든 맘대로 하고 무엇이든 때려 부수는……."

지호는 잠시 생각하다가 고개를 흔들었어요.

"일단 가 봐야겠어. 영락이도 만나고, 네 상처를 낫게 할 약도 구해 올게."

"잠깐, 나도 같이 가."

"넌 다시는 가기 싫다며?"

"마지막이야. 너랑 같이 가니까 괜찮아."

 도와줘, 히어로!

"혹시 모르니까 샘한테 게임 주소를 알려 드려야겠어."

지호는 아직 병원에 있는 코딩 선생님에게 문자를 보냈어요. 그러고는 꽃별이 손을 잡고 게임 안으로 들어갔어요.

도시는 전보다 더 삭막해져 있었어요. 건물들이 불타고 있었고, 자동차들도 부서진 채 거리에 나뒹굴었지요. 거리에 사람들은 하나도 보이지 않았어요.

"다들 어디 간 거지? 숨어 있나?"

꽃별이가 지호 뒤를 졸졸 따라다니며 말했어요.

"좀비 떼들이 한바탕 휩쓸고 간 것 같아. 그 배후에는 거대 좀비, 영락이가 있어. 빨리 찾아야 돼."

"영락이는 좀비가 뭐 좋다고 학교도 안 가고 여기에 계속 머물러 있는 거야? 엄마가 걱정하시는 것도 모르나?"

갑자기 꽃별이가 씩씩거리며 투덜대었어요. 지호는 그 모습이 귀여워 웃음이 나왔어요.

그때 어디선가 사이렌 소리가 들렸어요. 소리 나는 쪽으로 둘은 성큼성큼 걸어가 보았지요.

사거리를 여러 개 지나갔을 때 맞은편 건물 옥상에서 사람들 소리가 들렸어요.

"도와줘요, 히어로!"

누군가가 소리쳤어요.

파랑 머리 번개와 고양이 전사 미얌은 갑자기 심장이 뜨거워졌어요. 저 사람들을 구해야 하는 임무가 있으니까요. 둘은 다다다 뛰어가 순식간에 옥상으로 올라갔어요.

4장 거대 좀비의 정체

옥상에는 희뿌연 연기가 가득했어요. 어디선가 불이 난 모양이에요.

사람들은 옥상 끝 난간에 몰려 있었어요. 반대편에 좀비 떼들이 서로 뒤엉켜 사람들 쪽으로 가려고 난리법석을 피우고 있었지요. 그 사이에는 사람들이 임시로 막아 둔 가벽이 위태롭게 흔들리고 있었어요.

고양이 전사 미얌은 가벽 위로 냉큼 올라가 좀비 떼들을 내려다보았어요. 영락이는 보이지 않았어요.

미얌은 좀비들을 향해 투구를 쓴 머리를 내밀고 주문을 외웠어요.

"멀리멀리 나가떨어져라! 이야압!"

그러자 투구 안에서 엄청난 굉음이 흘러나왔어요.

'쿵쿵쿵 쾅쾅쾅 우르릉 쾅!'

좀비들이 싫어하는 소리였지요. 좀비들은 귀를 틀어막으며 뒷걸음질 쳤어요. 그러다가 하나둘 옥상 밖으로 떨어졌어요.

"잘했어, 꽃별아."

지호는 사람들을 안전하게 건물 아래로 안내했어요. 그러나 1층에 내려오기 직전 사람들은 걸음을 멈추었어요.

"거대 좀비가 나타났다!"

누군가 두려움에 떨며 말했어요.

거대 좀비는 주차장 쪽에 우뚝 서 있었어요. 지난번보다 훨씬 더 덩치가 커진 거대 좀비는 키가 너무 커서 얼굴도 제대로 보기 어려울 정도

였어요. 목소리는 더 굵고 거칠어졌지요.

"이제야 만났구나. 많이 기다렸다. 파랑 머리 번개!"

거대 좀비가 지호를 향해 눈을 내리깔았어요.

"최영락? 너, 영락이 맞지?"

지호가 두 손을 입에 갖다 대고 최대한 크게 소리 질렀어요.

거대 좀비는 움찔하는가 싶더니 쿵쿵거리며 사람들에게로 다가갔어요. 그 바람에 놀라 넘어진 아이가 엉엉 울음을 터뜨렸어요.

"진정해! 나랑 얘기해. 사람들은 보내 주자."

지호가 용기 내어 다시 소리쳤어요.

"크하하학!"

거대 좀비는 아랑곳하지 않고 사람들을 향해 두꺼운 팔을 휘둘렀어요. 사람들은 다시 건물 안으로 숨었어요.

"영락아! 그러지 마! 우리 모르겠어? 나 꽃별이야. 그리고 얘는 양지호잖아."

꽃별이가 앞에 나서며 말했어요. 거대 좀비가 잠시 머뭇거렸어요.

"알지? 저번에 너 때문에 내 팔도 다쳤는데……."

꽃별이가 다친 팔을 높이 들어 올렸어요.

거대 좀비는 조금 놀라는 눈치였어요. 그 틈을 타서 지호는 거대 좀비 뒤쪽으로 살금살금 돌아갔어요.

"조금 겁을 주려고 한 것뿐이야. 그러니까 왜 까불어?"

거대 좀비가 입을 열었어요.

"게임은 게임일 뿐이야. 조금만 놀고 집에 가야지. 왜 여기 계속 있는 거야? 거대 좀비가 그렇게 좋아?"

꽃별이가 타이르듯 말했어요.

거대 좀비가 고개를 숙였어요. 뭔가 후회하는 눈빛이었지요. 그때 지호가 뒤에서 거대 좀비 등에 올라탔어요. 그러고는 가지고 있던 창으로 거대 좀비 뒤통수를 찌르려고 했어요.

"안 돼!"

꽃별이가 소리쳤어요. 그 바람에 지호는 창을 떨어뜨렸어요. 거대 좀비가 뒤를 돌아보고는 지호를 바닥에 내동댕이쳤어요.

"으아악."

지호는 바닥에 떨어지며 다리를 다쳤어요. 한 발짝도 걸을 수가 없었지요.

"제발 그만해! 우리는 같은 반 친구잖아."

꽃별이가 울음을 터뜨렸어요.

그때 거대 좀비가 휘청하면서 뒤로 한 걸음 물러났어요. 머리를 감싸 쥐고 고개를 흔들었어요.

"나도 그만두려고 했어. 그런데 맨홀 뚜껑을 통과하지 못하게 됐어. 덩치가 너무 커져서 그런가 봐."

거대 좀비가 울먹이며 말했어요.

"그럼 나갈 방법을 찾아야지, 왜 사람들을 괴롭혀?"

지호가 소리쳤어요.

"이상해. 사람들을 괴롭힐 때 처음엔 재밌었는데, 이제 더 이상 공격하고 싶지 않은데도 점점 난폭해져. 사람들을 잔인하게 해치고 싶진 않

지호의 코딩 노트

로봇 프로그래밍

요즘은 사람이 하는 거의 모든 일을 지원하는 소프트웨어가 생겨나고 있어요. 이러한 소프트웨어들을 우리는 다수 사용해 본 경험이 있어요. 간단하게는 문서를 작성하는 워드 프로그램이나 계산을 쉽게 해 주는 엑셀 프로그램 등이 있지요.

그런데 개인 컴퓨터에서 사용하는 소프트웨어뿐 아니라 앞으로는 로봇을 이용한 소프트웨어들을 일상적으로 편리하게 사용하게 될 날이 머지않았어요.

로봇은 컴퓨터와 달리 센서 장치와 구동 장치, 제어 장치가 탑재되어 있고 좀 더 다양한 환경에서 사용할 수 있어요.

로봇 프로그래밍도 컴퓨터의 경우처럼 C언어나 C++와 같은 프로그래밍 언어가 필요해요. 그리고 장애물을 탐지하는 센서와 동작을 가능하게 하는 구동 장치, 구동 장치를 조작하는 제어 프로그램도 필요하지요.

로봇은 점차 우리와 더 친근한 존재가 될 거예요. 우리 주변에서 흔히 보는 로봇 청소기나 배달원도 있고, 우리가 가까이서 보기는 어렵지만 기업에서 물건을 생산할 때 많이 쓰이는 산업용 로봇, 수술이나 간호를 맡고 있는 의료 로봇도 있어요.

로봇의 발전

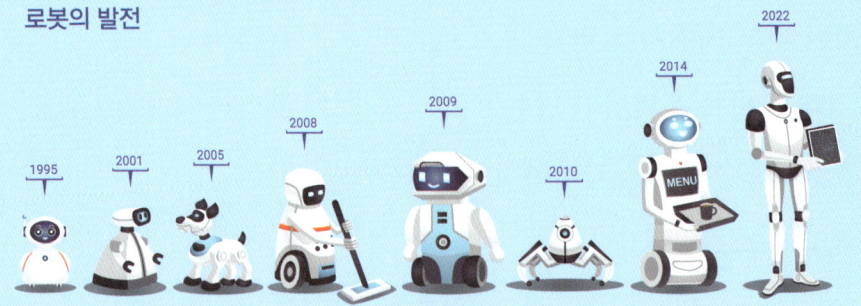

아. 강아지도 그렇고. 그런데 내 맘대로 안 된단 말이야. 난 더 이상 좀비가 싫다고!"

거대 좀비가 마구 흐느끼며 눈물을 흘렸어요.

"네가 무슨 로봇이라도 되냐? 누가 널 조종하기라도 한다는 거야?"

꽃별이는 말은 이렇게 했지만 같이 눈물을 흘렸어요. 지호도 덩달아 눈물이 왈칵 쏟아졌어요.

"그랬구나. 우리랑 같이 돌아갈 수 있는 방법을 찾아보자."

지호가 다리를 절뚝이며 일어났어요.

"도와줘, 히어로! 너희만 믿을게."

거대 좀비는 무릎을 꿇고 빌었어요. 지호와 꽃별이는 거대 좀비, 아니 영락이를 일으켰어요.

코딩 로봇, 어떻게 골라야 할까?

코딩 교육은 다양한 하드웨어로 전자 회로를 구성한 다음 소프트웨어로 원하는 동작을 실행하도록 설계하는 교육을 뜻해요. 학교는 물론 학원에서도 코딩을 가르치는 지금, 가정에서 아이들이 재밌게 코딩을 배울 수 있는 방법은 없을까요? 가장 간단한 방법은 가정용 코딩 로봇을 구매하는 것일 텐데, 꼼꼼하게 살펴봐야 할 점은 무엇일까요?

연령대별 제품 중에 적정한 나이대의 코딩 로봇을 선택하는 것이 좋아요. 연령대보다 난이도가 지나치게 높은 코딩 로봇의 경우 금세 프로그래밍에 흥미를 잃어버릴 위험이 높기 때문이지요.

아이들을 위한 코딩 로봇은 주로 새나 강아지, 로봇처럼 아이들이 친숙하게 다가갈 수 있는 디자인을 고르는 게 좋아요. 좀 더 복잡한 코딩 교육이 필요하다면 인간 형태로 설계된 휴머노이드 코딩 로봇도 선택할 수 있겠지요. 휴머노이드 코딩 로봇은 로봇의 동작을 인간에 가깝게 설계할 수 있어 더 고차원적인 코딩 교육이 가능하답니다.

코딩 로봇을 원하는 대로 움직이는 데 있어 가장 쉬운 방법은 스마트폰을 이용하는 것이에요. 블루투스를 통해 코딩 로봇과 스마트폰을 연결하고 앱으로 로봇을 조작할 수 있게 하면 별도의 프로그램 없이도 다양한 동작을 수행할 수 있답니다.

카드 코딩은 코딩 로봇에 동봉된 명령어 카드를 통해 코딩을 진행하는 것으로, 카드를 이용해 코딩 로봇이 원하는 목적지에 도달하거나 LED 조명을 켜는 등 다양하게 로봇을 조작할 수 있어요.

코딩 로봇 중에는 라인 트레이싱(Line Tracing) 기능을 제공하는 제품도 있어요. 라인 트레이싱은 정해진 주행선을 따라 로봇이 움직이는 것으로, 바닥에 그려진 주행선을 로봇에 달린 센서가 인식하면 목적 위치까지 로봇이 선을 따라 이동해요. 이 기능을 활용하면 자유롭게 선을 그린 다음 로봇이 목적지까지 이동하게 할 수 있답니다.

코딩 조기 교육 열풍, 문제점은 없을까요?

몇 년 전부터 초·중·고등학교에서 코딩 교육이 의무화되었는데 이 정책은 잘 실현되고 있을까요? 4차 산업 혁명 시대를 살아갈 학생들이 문제 해결 능력과 논리적인 사고력, 창의력 등을 키우는 데 코딩 교육이 도움이 된다는 것은 누구나 인정하는 사실이에요.

그런데 학교에서의 코딩 교육이 바람직한 방향으로 가고 있는지는 점검해 볼 필요가 있어요.

 그거 들었어? 영락이, 방학 동안 코딩 학원 다닐 거래.

학교에서도 배우는데, 굳이 학원까지 다닌다고? 왜?

 몰라. 영락이 엄마가 벌써 등록했대. 선행 학습 한다나 봐.

코딩도 사교육이나 선행 학습이 필요해?

그러게. 수학이랑 영어 공부하기도 바쁜데 코딩까지 선행 학습하라면 난 정말 싫을 것 같아. 그런데 영락이 엄마는 학교 선생님보다는 학원 선생님을 더 전문가라고 생각하시나 봐.

그건 모르시는 말씀이야. 우리 코코 샘은 화이트 해커였거든! 누구보다 컴퓨터를 잘 알고 능숙하게 다루시는 분이라고!

정말? 대단하시다!

그런데 어떤 학교는 전문 인력이 부족해서 일반 선생님들을 연수시켜서 코딩을 가르친다고 하더라. 형식적인 교육이 되거나 자칫하면 보여 주기식 교육이 될 수도 있을 것 같아.

그럼 안 되지. 학생들에게 질 좋은 코딩 교육을 하려면 그만큼 전문 인력을 확보하는 건 필수야! 그래야 사교육의 힘을 빌리지 않게 되고, 교육 격차도 벌어지지 않게 되지. 어쨌든 앞으로는 코코 샘 수업 열심히 들어야겠다.

학교에서의 코딩 교육은 어린이들에게 컴퓨팅 사고 능력과 논리적인 문제 해결 능력을 어릴 때부터 길러 주어, 미래 사회에서 잘 적응하며 살아가도록 돕기 위한 것이에요.

코딩 교육을 통해 여러분이 배우고 싶거나 바라는 것은 무엇인지 생각해 보세요.

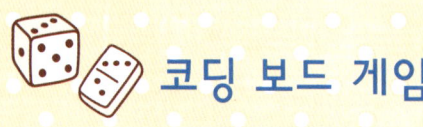# 코딩 보드 게임

준비물: 주사위, 말

코딩 시작 →

1 | 2 | 3 20번으로 | 4 한번 더 | 5 | 6 | 7 뒤로 한 칸 | 8 | 9 앞으로 네 칸 | 10 | 11 한 번 휴식 | 12 | 13 | 14 뒤로 두 칸 | 15 | 16 | 17 | 18 맨 처음으로 | 19 | 20 5번으로 | 21 상대편과 자리 바꾸기 | 22 | 23 | 24 뒤로 한 칸 | 25

프로그래밍 완성 ←

 새로운 히어로

지호는 꽃별이와 영락이를 데리고 건물 지하 주차장으로 들어갔어요. 거대 좀비가 눈에 띄면 사람들이 두려워하기 때문에 일단 피신해서 방법을 연구해 보기로 한 거예요.

주차장에는 차가 거의 없었어요. 세워진 차들은 주인이 없는지, 먼지를 가득 뒤집어쓴 채 그대로 서 있는 상태였지요.

거대 좀비 영락이는 머리가 천장까지 닿아 구부정하게 앉았어요.

"영락아, 미안해. 그동안 너 덩치 크다고 돼지라고 놀린 거 내가 사과할게."

꽃별이가 머리를 긁적이며 말했어요.

"팔은 좀 어때?"

영락이가 쑥스러워하며 물었어요.

"약을 먹어서 통증은 가라앉았는데 상처가 쉽게 낫질 않아."

꽃별이는 시무룩하게 대답했어요.

영락이는 꽃별이 팔을 찬찬히 보더니 자기 손바닥으로 살살 문질렀어요. 꽃별이는 흠칫 놀랐다가 가만히 있었어요.

"영락아, 나도 미안해. 네가 하도 힘으로 뭐든지 해결하려고 해서 난 조금 겁이 났어. 겁이 난 걸 들키지 않으려고 일부러 널 약 올리고 놀렸던 거야. 이제 안 그럴게."

지호도 머뭇거리다가 입을 열었어요.

영락이 눈빛이 많이 부드러워졌어요.

"너희랑 친해지고 싶고, 같이 게임도 하고 싶었어. 근데 뜻대로 안 되니까 짜증이 나더라. 나도 미안."

영락이가 씩 웃으며 말했어요.

그때 지하 주차장 입구에서 우당탕 소리가 들리더니 여러 개의 그림자가 다가오는 게 보였어요.

셋은 어깨를 잔뜩 움츠렸어요. 점점 커지는 그림자들을 보며 숨을 죽였지요.

"크헉, 커억, 크으윽."

5장 돌아온 히어로 앤 좀비

좀비들의 소리였어요. 이윽고 주차장 안으로 들어선 좀비들이 모습을 드러냈어요.

"어떡해?"

꽃별이가 뒤로 물러났어요. 지호와 영락이는 벌떡 일어나 꽃별이 앞에 섰어요.

그런데 좀비들이 이상한 소리를 내며 영락이에게 뭐라고 하는 것 같았어요. 그랬더니 영락이가 갑자기 머리를 흔들었어요. 머리가 아픈 듯 두 팔로 이마를 감싸더니, 포효하듯 비명을 질렀어요.

"영락아, 왜 그래?"

꽃별이가 영락이 등을 툭 쳤어요. 그러자 영락이는 뒤돌아 꽃별이를 노려보았어요. 다시 거대 좀비의 거친 눈빛으로 바뀌었어요.

"저리 비켜."

지호가 꽃별이를 벽 쪽으로 밀고는 영락이를 가로막았어요.

거대 좀비는 계속 머리가 아픈 듯 얼굴을 찡그린 채 쿵쿵 지호를 향해 다가왔어요. 두 팔을 위로 들어 올리더니 주먹을 다부지게 쥐고 지호를 향해 휘두르기 시작했지요. 한 대만 맞아도 날아갈 것 같은 파워였어요.

"영락이는 또 조종을 받고 있어. 어떡해?"

꽃별이가 뒤에서 소리쳤어요. 지호도 적지 않게 당황했어요. 조금 전

까지 도란도란 이야기를 나누던 친구였는데 말이에요.

"양지호! 이꽃별! 최영락!"

바로 그때 누군가의 목소리가 주차장에 쩌렁쩌렁 울렸어요.

모두가 소리 난 쪽을 돌아보았어요. 그곳에는 처음 보는 히어로, 망토를 걸치고 바람머리에 선글라스를 낀 남자가 서 있었어요. 한쪽 손에는 최신형 노트북을 가볍게 들고 있었지요.

"내 이름은 코코! 코딩을 잘하는 히어로지. 하하."

코코 히어로는 허리에 두 손을 짚은 채 너털웃음을 지었어요.

"선생님?"

지호는 단번에 알아차렸어요. 방과 후 코딩 선생님, 코코 샘이라는 것을요!

코딩을 배웠으면 써먹어라

지호는 거대 좀비가 휘두르는 팔을 살짝 피한 뒤, 꽃별이 손을 잡고 코코 히어로에게 뛰어갔어요.

"선생님, 맞죠?"

지호가 반가워하며 물었어요.

"후훗, 용케도 알아보는구나."

"선생님, 다친 곳은 다 나았어요?"

"그럼! 일주일 뒤에 퇴원한다고 했잖아. 그건 그렇고, 저기 보이는 좀비가 바로 영락이냐?"

코코 히어로가 미간을 좁히며 물었어요.

"네, 그런데 영락이가 이상해요. 조금 전까지 저희랑 화해하고 다정하게 앉아 있었는데 좀비들이 몰려오니까 갑자기 돌변했어요."

꽃별이가 다급하게 말했어요.

"어? 그런데 아까 그 좀비들은 어디 갔지?"

지호가 두리번거렸어요.

"내가 이미 처치했지! 이래 봬도 좀비 떼를 처치하는 코코 히어로라니깐!"

선생님이 어깨를 으쓱했어요.

"어떻게요?"

"난 잔인하게 누굴 해치고 그러진 않아. 코딩을 바꿀 뿐이지. 후훗."

선생님이 으스대고 있는데 거대 좀비가 몸을 틀어 이쪽으로 쿵쿵 걸어오기 시작했어요.

"코딩을 어떻게 바꿨는데요?"

지호가 고개를 갸웃거리며 물었어요.

"지호야, 이럴 때 배운 것 좀 써먹어라. 응?"

코코 히어로가 노트북을 건네며 말했어요. 지호가 너무나 갖고 싶었던 최신형 노트북이었어요.

하지만 지호는 당황해서 아무것도 떠오르지 않았어요.

"아! 캐릭터 동작을 바꿔 보자!"

꽃별이가 손뼉을 짝 쳤어요. 지호와 꽃별이는 서로 마주보았어요.

"잠깐만요. 선생님, 영락이 좀 부탁해요."

지호는 뭔가 결심한 듯 인사를 하고, 꽃별이와 함께 재빨리 지하 주차장에서 벗어나 한적한 곳으로 달려갔어요.

"좋은 방법 생각났어?"

꽃별이가 물었어요.

"이럴 줄 알았으면 수업 시간에 좀 더 열심히 들었을 텐데……."

지호는 일 초라도 급한 이 시간이 너무 초조하게 느껴졌어요. 하지만 침착하게 노트북을 열었어요. 다행히도 선생님이 모니터에 코딩 페이지를 띄워 놓았어요.

"일단 거대 좀비의 악행을 막아야 해."

꽃별이가 야무지게 말했어요.

"그다음 좀비 바이러스 백신과 치료제를 만들어야 하고!"

지호도 다부지게 말했어요.

코딩 수업은 건성건성 들었지만, 게임을 좋아하고 잘하던 지호는 뭔가 감을 잡기 시작했어요.

"바로 이거야!"

지호가 웃으며 말했어요.

잠시 후, 지호는 〈히어로 앤 좀비〉 게임에 접속했어요.

"정말 신기하다. 게임 속인데 또 게임에 접속할 수가 있다니!"

꽃별이가 옆에서 감탄을 했어요.

지호는 게임 설정으로 들어가 거대 좀비 캐릭터를 클릭했어요. 파워를 약하게 만들고, 모든 아이템 적용을 중지시켰어요. 감정 상태도 차분하고 평화로운 모드로 바꾸었어요.

"저장 성공!"

지호가 외치자 꽃별이가 박수를 쳤어요.

"지호야, 너 정말 멋지다! 너 오늘 마치 척척박사, 아니 AI 같아!"

지호는 다시 집중해서 게임에 아예 없었던 백신과 치료제를 만들기 시작했어요.

첫 화면 메뉴에서 좀비 바이러스에 걸리지 않도록 백신을 맞는 카테고리를 새로 만들고, 바이러스 치료제도 추가했어요.

지호의 코딩 노트

▷ 인공 지능

인간의 학습 능력과 지능을 컴퓨터 시스템에 인공적으로 구현한 것을 말해요. AI(Artificial Intelligence)라고도 불러요. 이것은 로봇의 모습이기도 하며, 컴퓨터 안에 프로그램 자체로서 존재하기도 하지요.

인공 지능은 빅 데이터를 기반으로 하여 인간과 바둑을 두고, 질병을 진단하고, 기후 변화를 예측하며, 야생 동물을 보호하기 위한 데이터를 분석하고, 자동차 자율 주행을 가능하게 하기도 해요.

이러한 인공 지능 시스템을 만드는 것은 결국 인간이에요. 그러므로 코딩을 이용하여 인간에게 이롭고 편리한 인공 지능 기술을 발달시켜 나가야 하겠지요. 더불어 지구에서 함께 살아가는 동식물과 환경에도 해를 끼치지 않는 범위에서 인간의 기술이 더욱 발전해 나가면 좋을 거예요.

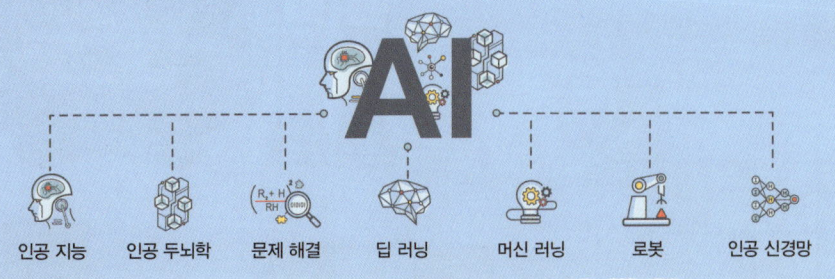

"이제 됐어! 꽃별이 너 먼저 나가. 나는 영락이한테 가 볼게."

"나 혼자 가라고? 싫어!"

"걱정하지 마. 지금쯤 거대 좀비는 다시 영락이로 돌아와 있을 거야. 어서 가!"

지호는 맨홀 뚜껑이 있는 거리로 가서 꽃별이를 억지로 밀어 넣었어요. 그다음 지하 주차장으로 달려갔지요.

 미라클의 정체

주차장에 갔더니 거대 좀비는 쓰러져 있었어요. 잠든 것처럼 보이기도 했지요.

"선생님, 어떻게 된 거에요?"

지호가 숨을 헐떡이며 물었어요.

"영락이는 갑자기 힘이 턱 풀리더니 쓰러졌어. 캐릭터 성격이 갑자기 바뀌어서 혼란이 온 것 같아. 아마도 곧 깨어날 거야."

코코 히어로가 말했어요.

"그럼 어서 나가요. 꽃별이도 먼저 나갔어요."

지호는 선생님과 함께 영락이를 부축했어요.

영락이는 아직 덩치가 커서 무거웠어요. 무엇보다 맨홀 뚜껑을 빠져나가기에는 어림도 없었어요.

"내가 실력 좀 보여 주지."

선생님이 노트북을 다시 열어 거대 좀비 캐릭터를 아예 없애 버렸어요. 그러자 영락이 모습이 원래대로 돌아왔지요.

"정신이 드니?"

선생님 목소리를 듣고 영락이가 눈을 떴어요.

"선생님! 지호야!"

영락이는 목소리가 쉬어 있었어요. 좀비였을 때 하도 괴성을 질러서 그런가 봐요.

"이제 걱정하지 마. 거대 좀비 캐릭터는 없어졌어. 앞으론 절대 좀비 캐릭터 선택하지 마. 알았지?"

지호가 말하자, 영락이가 지호 손을 맞잡고 부끄러운 듯 웃었어요.

지호와 영락이는 선생님과 함께 게임 밖으로 나왔어요.

학교 운동장에서 꽃별이를 만나기로 했거든요. 멀리서 뛰어오는 꽃별이는 활기차 보였어요.

"짠!"

꽃별이가 상처 났던 팔을 걷어 올렸어요. 아무런 자국도 남아 있지 않았어요.

"이야! 감쪽같이 없어졌네! 병원은 안 가도 되겠다!"

"당연하지! 고마워, 지호야."

꽃별이가 방방 뛰며 말했어요.

"선생님은 어디 가셨지?"

영락이가 두리번거리며 물었어요.

그러고 보니 조금 전까지 옆에 있던 선생님이 보이지 않았어요.

지호의 코딩 노트

▸ **블록체인이란?**

블록체인(block chain)은 데이터 분산 처리 기술로서, 네트워크에 참여하는 모든 사용자가 데이터를 안전하게 공유하는 방식이에요. 쉽게 말하면 누구나 열람할 수 있는 디지털 장부에 내용을 투명하게 기록하고 이것을 여러 대의 컴퓨터에 복제해서 저장하는 식이에요.

현재도 식품의 원산지를 추적하는 시스템, 보험금 청구, 의약품 관리 등에 유용하게 쓰이고 있어요.

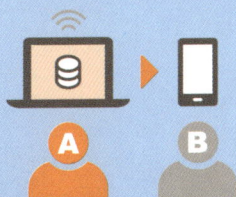
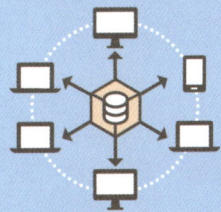

다음 날, 코딩 시간이 되자 지호와 꽃별이, 영락이는 얼른 방과 후 교실로 달려갔어요.

통화중이던 선생님이 전화를 끊고 말했어요.

"얘들아, 깜짝 놀랄 소식이 있어. 너희들을 게임으로 초대했던 미라클이란 사람 말이야. 알고 보니 게임 개발자가 아니라 블랙 해커였대! 진짜 개발자는 따로 있었대. 게임이 이상하게 변해 버려서 개발자도 경찰에 신고를 해 둔 상태였다고 하는구나. 아이들을 유혹해서 혼란에 빠뜨리고 자기 맘대로 망쳐 버리려는 악당 같으니라고!"

"어쩐지. 그 게임 정말 이상했어요."

지호가 한숨을 내쉬며 말했지요.

"야, 언제는 재미있다며?"

꽃별이가 킥킥 웃으며 지호 옆구리를 찔렀어요.

"솔직히 재미는 있었어. 가끔은 악당이 되고 싶을 때가 있거든."

그때 영락이가 신나서 말했어요.

지호와 꽃별이, 선생님이 영락이를 한꺼번에 째려보았어요.

"아, 아니. 내 말은 그냥……. 아, 미안해! 됐냐?"

"되긴 뭐가 돼? 히어로 맛 좀 볼래?"

지호와 꽃별이, 영락이는 교실 안에서 서로 쫓고 쫓기며 한참을 뛰어다녔어요.

방과 후 교실

코딩

코딩의 발달은 인간에게 이롭기만 할까요?

코딩의 발달은 인간에게 이로울까요, 아니면 해로울까요?
우리는 컴퓨터나 스마트폰으로 인터넷도 하고 게임도 하고 쇼핑도 하고 영화도 보는 등 편리한 생활에 익숙해져 있어요. 컴퓨터나 스마트폰이 없으면 못 살 것처럼 불편함을 겪기도 하지요.
앞으로는 지금보다 훨씬 더 많이 로봇과 컴퓨터가 인간의 일을 대신해 줄 텐데 과연 그것은 인간에게 어떤 영향을 줄까요?

인간은 위대해. 인간이 만든 컴퓨터와 로봇이 위험한 일을 대신해 주고, 정밀함이 요구되는 일도 꼼꼼하게 척척 해 줄 테니까.

그렇지만 인간이 할 수 있는 일이 적어져서 일자리가 줄어들지 않을까? 아니면 너무 편하게 살아서 오히려 인간의 지능은 퇴화할지도 몰라. 그러다 보면 로봇이 인간을 지배하고! 그럼 너무 끔찍하잖아.

하긴 지금까지는 인간이 만든 명령어에 따라 컴퓨터와 로봇이 움직였다면 미래 산업 사회에서는 컴퓨터와 로봇이 스스로 생각하고 학습하는 게 가능해질 거래.

코딩이 발달해서 더 많은 것이 가능해지는 만큼 그로 인해 발생되는 문제점이나 부작용도 있을 거야. 코딩을 악용한 새로운 범죄나 해킹 같은 사회 문제가 생길 수도 있어.

그렇다면 인간이 더 많은 노력을 기울여야겠네. 그래서 코딩 능력이 더 중요하다는 거구나.

너희 말이 맞아. '코딩'은 단순히 컴퓨터를 다루는 기술만이 아니란다. 그보다는 '생각하는 능력'이라고 할 수 있어. 논리력과 창의력, 문제 해결력이 모아져 더 좋은 코딩을 하면 인공 지능 역시 바람직한 방향으로 발전하게 되겠지.

네, 생각하는 능력을 더 키워야겠어요! 얘들아, 들었지? 생각 좀 하고 살자!

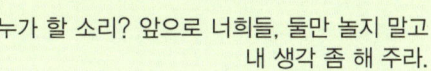
누가 할 소리? 앞으로 너희들, 둘만 놀지 말고 내 생각 좀 해 주라.

알았어, 알았어. 그러니까 다시는 좀비 같은 거 되지 마. 헤헤.

미래 인공 지능 시대에 우리 사회는 어떻게 더 변화하게 될까요? 코딩의 발달이 인간에게 이로울지, 해로운 면도 있을지, 친구들과 함께 생각을 나누어 보세요.

줄 긋기 퀴즈

다음 내용을 읽고 서로 관련 깊은 것끼리 연결하세요.

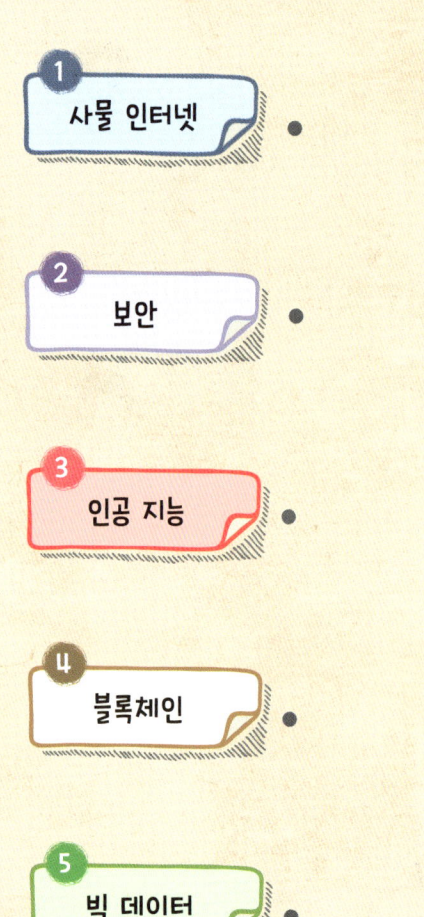

1. 사물 인터넷
2. 보안
3. 인공 지능
4. 블록체인
5. 빅 데이터

A. 수많은 양의 데이터를 모아서 정리해 놓은 디지털 기술

B. 인터넷을 바탕으로 사물과 사물 사이의 정보를 교환하고 분석한 데이터를 제공하는 기술

C. 인간의 지능을 컴퓨터에 구현해 놓은 시스템

D. 위험 및 손실이 생기지 않도록 방지하는 것

E. 데이터 분산 처리 기술

정답: ①-B, ②-D, ③-C, ④-E, ⑤-A

어려운 용어를 파헤치자!

사물 인터넷(IOT) IOT는 Internet of Things의 줄임말이에요. 각종 사물에 센서와 통신 기능을 집어넣어 인터넷에 연결하는 기술이에요. 우리 주변의 에어컨, 냉장고는 물론 인공 지능 스피커, CCTV를 이용한 치안 서비스, 장애인을 위한 GPS 기기 등이 이에 속하며 앞으로는 집 안의 가구, 수도, 가스 등도 인터넷에 연결하여 편리하게 사용하게 될 거예요.

4차 산업 혁명 정보 통신 기술(ICT)의 융합으로 이루어지는 산업 혁명을 뜻해요. 빅 데이터, 인공 지능, 사물 인터넷, 로봇, 3D 프린팅, 나노 기술, 무인 운송 수단, 가상 현실 등에 의해 새롭게 일어날 혁신이지요. 그동안 인간이 만들어 낸 모든 지식과 기술이 공유되고 연결된다고 생각하면 돼요.

소프트웨어와 하드웨어 소프트웨어는 컴퓨터 시스템을 효과적으로 운영하기 위해 만들어진 프로그램들을 말해요. 컴퓨터를 관리하는 시스템과 문제 해결에 사용되는 응용 프로그램들이 있어요. 마이크로소프트 윈도, 수많은 애플리케이션 등이 모두 소프트웨어예요. 반면 하드웨어는 소프트웨어가 실행되고 저장되는 장치를 말해요.

자율 주행 자동차 인간이 운전하지 않고 자동으로 주행하는 자동차예요. 무인 자동차라고도 해요. 위치 찾기(GPS)와 카메라 등으로 환경을 인식하고 목적지 입력에 따라 자율적으로 주행할 수 있게 돼요. 이 역시 컴퓨터 프로그래밍 덕분에 가능한 것이지요.

코딩 간단하게 말하면 컴퓨터 언어인 코드를 적고 파일로 저장하는 거예요. 코딩을 잘못하면 프로그래밍이 만들어지지 않아요. 또 만들어지더라도 잘못 운영되거나 해킹에 노출될 수 있는 약점이 생길 수도 있어요. 그러니 컴퓨터가 이해할 수 있도록 논리적인 과정의 코딩 작업을 하는 것이 중요해요.

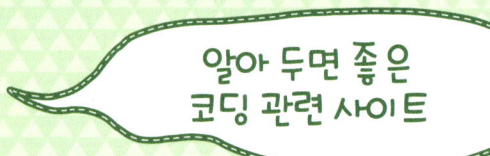

스크래치 https://scratch.mit.edu
미국 MIT 미디어랩에서 만든 교육 도구예요. 프로그램 언어를 블록 쌓기처럼 쉽게 옮겨서 프로그램을 만들 수 있어요.

생활코딩 https://opentutorials.org/course/1
html, 자바스크립트 등을 기초부터 재미있게 알려 주어 초보자들도 쉽게 접근할 수 있어요. 유튜브, 페이스북에도 페이지가 있으니 관심 있는 사람은 참여해도 좋아요.

소프트웨어야 놀자 https://www.playsw.or.kr
주제나 난이도에 따라 잘 분류되어 있고 용어 개념 정리도 되어 있어, 컴퓨터와 코딩에 대한 전반적인 지식을 차근차근 얻을 수 있어요.

엔트리 https://playentry.org
소프트웨어야 놀자와 연계하여 프로그래밍을 하는 사이트예요. 블록형과 텍스트형 코딩을 둘 다 할 수 있다는 장점이 있어요.

신나는 토론을 위한 맞춤 가이드

게임 속으로 들어가서 좀비를 물리치는 이야기를 통해 코딩의 원리를 잘 이해하게 되었나요? 이제 마지막 단계인 토론을 잘하려면 올바른 지식과 다양한 정보가 뒷받침되어야 해요. 책을 다 읽고 친구 또는 부모님과 신나게 토론해 봐요!

잠깐! 토론과 토의는 뭐가 다르지?

토론과 토의는 모두 어떤 문제를 해결하기 위해 의견을 나누는 일입니다. 하지만 주제와 형식이 조금씩 달라요. 토의는 여러 사람의 다양한 의견을 한데 모아 협동하는 일이, 토론은 논리적인 근거로 상대방을 설득하는 일이 중요합니다. 토의는 누군가를 설득하거나 이겨야 하는 것이 아니기 때문에 서로 협력해서 생각의 폭을 넓히고 좋은 결정을 내릴 때 필요해요. 반면 토론은 한 문제를 놓고 찬성과 반대로 나뉘어 서로 대립하는 과정을 거치지요. 넓은 의미에서 토론은 토의까지 포함하는 경우가 많습니다. 토론과 토의 모두 논리적으로 생각 체계를 세우고, 사고력과 창의성을 높이는 데 도움을 준답니다.

토론의 올바른 자세

말하는 사람
1. 자신의 말이 잘 전달되도록 또박또박 말해요.
2. 바닥이나 책상을 보지 말고 앞을 보고 말해요.
3. 상대방이 자신의 주장과 달라도 존중해 주어요.
4. 주어진 시간에만 말을 해요.
5. 할 말을 미리 간단히 적어 두면 좋아요.

듣는 사람
1. 상대방에게 집중하면서 어떤 말을 하는지 열심히 들어요.
2. 비스듬히 앉지 말고 단정한 자세를 해요.
3. 상대방이 말하는 중간에 끼어들지 않아요.
4. 다른 사람과 떠들거나 딴짓을 하지 않아요.
5. 상대방의 말을 적으며 자기 생각과 비교해 봐요.

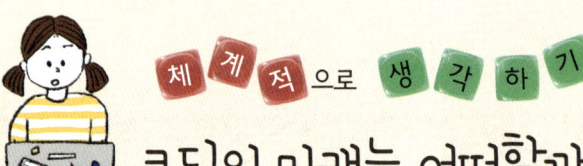

체계적으로 생각하기

코딩의 미래는 어떠할까요?

코딩 교육이 학교에서도 의무화되고 있는 가운데, 최근 노코드 또는 로우코드가 새롭게 떠오르고 있어요. 이것은 코딩을 자세히 몰라도 간편하게 프로그램을 만들 수 있는 혁신적인 기술이에요. 그렇다면 굳이 코딩을 어렵게 배워야 하는 이유가 있을까요?

다음 기사를 읽고 질문에 답해 보세요.

컴퓨터 프로그래밍 언어를 몰라도 누구나 프로그램을 만들 수 있는 '노코드(Nocode)' 플랫폼이 주목받고 있다. 전 산업의 디지털 전환이 빨라지고 국내 소프트웨어(SW) 개발 인력난이 심화하면서, 노코드 플랫폼을 이용해 개발자 도움 없이 빠르게 필요한 프로그램을 제작하려는 수요도 늘고 있다.

노코드는 마우스 클릭이나 드래그로도 간편하게 프로그램이나 앱을 제작할 수 있는 플랫폼이다. 노코드와 유사한 로우코드(Low-code)도 있다. 로우코드는 빠른 개발을 위해 복잡한 프로그래밍 과정을 최대한 압축한 플랫폼으로, 기본 SW개발 지식을 갖춘 이들이 주로 사용한다.

노코드나 로우코드의 장점은 필요한 솔루션을 현업에서도 신속하게 만들 수 있다는 것이다. 최근 출시된 노코드나 로우코드 플랫폼은 기획부터 구현, 테스트에 이르는 모든 개발 과정을 지원한다. 비숙련자인 현업 직원도 새로운 아이디어를 SW 형태로 손쉽게 구현해 볼 수 있어 개발자와 의사소통이 한결 빨라진다.

1. 노코드, 로우코드의 활용이 가져다주는 장점은 무엇인가요?

2. 코딩을 몰라도 프로그램을 만들 수 있는데, 그래도 코딩을 배워야하는 이유가 있다면 그것이 무엇일까요?

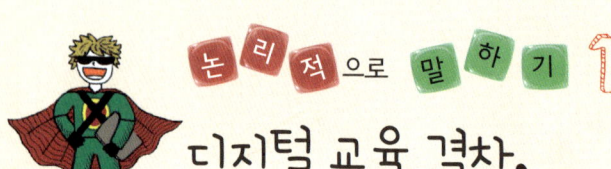

논리적으로 말하기 1
디지털 교육 격차, 어떻게 해소하면 좋을까요?

다음 기사는 유명 게임 회사가 정보 교육 비영리 단체와 협약을 맺어 무료 프로그래밍 학습 플랫폼을 개발하기로 했다는 소식이에요. 디지털 교육에서 소외되었던 계층에게는 반가운 일이라고 할 수 있지요. 기사를 읽고 다음에 제시한 문제에 대해 생각해 보세요.

학부모의 36%는 컴퓨터 프로그래밍 사교육비로 매달 20만 원 이상을 쓰는 것으로 나타났다. 정보 교육 비영리 단체 비브라스코리아가 학부모 1,848명(응답자의 80%는 수도권 거주)을 대상으로 조사한 결과다. 최근 '코딩 교육'의 중요성에 주목한 수도권 학부모들을 중심으로 사교육 수요가 급증한 영향이다.

게임회사 OO의 사회 공헌 비영리 재단인 OO재단은 지역별·소득 수준별로 컴퓨터 프로그래밍 교육 격차가 커지는 점을 고려해, 무료 프로그래밍 학습 플랫폼 개발에 나서기로 했다. 이를 위해 OO재단은 국내 정보 교사·교수진 100여 명이 활동하는 비영리 재단 비브라스코리아와 업무 협약을 맺었다고 11일 밝혔다. OO재단과 비브라스코리아는 내년 상반기 안에 학습 플랫폼 '비브라스 프로그래밍(가칭)'을 공동 개발해 출시한다.

비브라스 프로그래밍은 컴퓨팅 사고력 함양부터 기초적인 텍스트 코딩, 심화 학습을 두루 아우르는 교육 과정을 제공할 예정이다. 초등학생부터 성인까지 누구나 무료로 코딩을 배울 수 있는 자기 주도형 학습 사이트 구축이 목표다. 개발 이후에는 비브라스코리아 소속 교사들을 중심으로 공교육에서도 활용할 예정이다.

OO과 비브라스코리아는 가계 소득 수준뿐만 아니라, 국가와 지역별 교육 격차에도 주목했다. 국내 공교육의 연간 프로그래밍 수업 시간은 영국(374시간), 인도(256시간), 중국(212시간) 등에 비해 최저 수준인 51시간에 불과하다는 것. 사교육 환경의 지역별 차이도 컸다. 수도권에는 프로그래밍을 가르치는 민간 기관이 49곳이지만, 비수도권은 15곳에 불과해 교육 인프라가 수도권에 집중됐다.

1. 국가별, 지역별, 소득 수준별 프로그래밍 교육의 격차가 벌어지는 원인은 무엇일까요?

2. 이윤을 추구하는 것이 목적인 기업이 이렇듯 사회적인 공헌을 하는 모습을 보면 어떤 생각이 드나요?

4차 산업 혁명으로 인해 일자리는 어떻게 변화할까요?

미래에는 로봇이나 인공 지능이 인간의 역할을 대신하는 일이 급격히 많아지면서 사람의 노동이 필요한 일자리는 거의 사라질 것으로 예측되고 있어요. 이것을 가능하게 하는 컴퓨터 프로그래밍의 기초가 바로 코딩이에요. 다음 기사를 읽고 질문에 답해 보세요.

4차 산업 혁명으로 인공 지능 기술과 사물 인터넷, 빅 데이터 등 정보 통신 기술이 융합해 생산성이 급격히 향상되고 제품과 서비스가 지능화될 것이다. 이에 따라 사회 전반의 일자리에 혁신적인 변화가 나타날 것이다.

미래학자들은 2030년까지 현존하는 일자리의 80%가 사라질 것이라고 예측한다. 청소년이 4차 산업 혁명 시대의 일자리 변화에 주목해야 하는 이유다. 우리는 미래에도 안정적이고 사라지지 않을 직업을 찾아야 하고, 변화하는 상황에 따라 일자리 수도 달라진다. 시대에 적응하기 위해 앞으로 필요한 사람의 기준과 직업, 기술에 어떤 변화가 생길지 예상하고, 그에 따라 직업이 어떻게 바뀔 것인지, 어떤 직업이 새롭게 탄생할 것인지를 생각하며 희망하는 직업을 선택해야 한다.

우리는 미래를 예측해야 하는 과제를 안고 오늘도 학교에서 자신의 진학 문제와 일자리 탐구에 전념하고 있다. 4차 산업 혁명의 혁신적 기술인 사물 인터넷, 클라우드, 첨단 로봇, 무인 자동차, 3차원(3D) 프린터, 자원 탐사 신기술, 신재생 에너지, 나노 기술 등에 주목하고 있다. 앞으로 신문이나 잡지가 모두 디지털화돼 종이 매체를 구매하는 사람 수가 줄어들 것이며 통역사, 텔레마케터, 캐셔, 모델, 약사 등의 일자리가 줄어들 것이다.

1. 로봇과 컴퓨터가 사람 일을 대신하게 되는 것은 인간에게 이득일까요, 손해일까요?

2. 사람만이 할 수 있는 일, 미래 사회에도 꼭 필요한 직업에는 어떤 것이 있을까요?

코딩으로 만들고 싶은 것은?

정규 교육 과정에 코딩이 들어오면서 코딩 교육 열풍이 불고 있어요. 그런데 코딩의 기초 지식과 문법을 배우는 게 전부는 아니에요. 즉 지식을 얻는 게 중요한 게 아니라 그걸 응용하여 창의적으로 나의 것을 만드는 것이 중요한 거예요.
코딩을 이용하여 세상에 하나뿐인 나만의 창작물을 만든다면 여러분은 무엇을 만들고 싶은가요?

예시 답안

코딩의 미래는 어떠할까요?

1. 4차 산업 혁명 시대에 필요한 소프트웨어의 개발자가 턱없이 모자란 현 실정에서 프로그래밍 언어를 몰라도 누구나 프로그램을 만들 수 있다는 것은 뛰어난 장점이다. 현업에 종사하는 직원들이 개발자 도움 없이도 당장 필요한 프로그램을 만들 수 있다면 시간과 비용을 절약할 수 있을 것이다. 또 개발자와의 실제 소통도 훨씬 더 수월해질 수 있다. .
2. 코딩을 배우지 않고도 누구나 쉽게 프로그램을 만드는 게 가능한 것은, 바꾸어 말하면 코딩 기술이 엄청나게 발전했다는 의미이기도 하다. 프로그램 개발 과정을 처음부터 끝까지 지원할 수 있는 기술, 노 코드나 로우 코드에서 발견되는 코딩의 문제점 등을 수정하려면 누군가는 코딩에 대해 무척 잘 알고 있어야 하며 그것이 바로 미래 코딩 개발자의 역할이다. 그러므로 코딩은 더욱 더 필요하다.

디지털 교육 격차, 어떻게 해소하면 좋을까요?

1. 국가별 교육 격차가 벌어지는 것은 디지털 산업이나 교육에 얼마나 관심을 갖고 개발에 힘 쏟느냐에 달려 있다고 생각한다. 지역별로 격차가 나는 것은 디지털 교육을 제대로 받을 수 있는 환경이 얼마나 조성되어 있느냐가 관건이다. 수도권의 경우 교육 환경이나 기회가 충분하지만 그 외 지역에서는 상대적으로 시설과 전문 인력이 부족한 편이다. 소득 수준에 따라서도 교육 격차가 벌어질 수밖에 없는데, 이는 공교육보다는 사교육에서 그런 현상이 더욱 두드러진다.
2. 기업이라고 하면 자신들의 이익을 만들기 위해 수단과 방법을 가리지 않는 것이 원칙이라고 생각했는데, 이 게임 회사의 의미 있는 사업을 보니 우리 사회를 공정하고 행복하게 만드는 것은 경제적인 요소가 아니라 서로를 배려하는 마음이라고 생각하게 되었다.

4차 산업 혁명으로 인해 일자리는 어떻게 변화할까요?

1. 사람이 하기에 위험한 일이나 너무 정교해서 힘든 일은 로봇이나 컴퓨터가 대신해 주면 더 효율적이고 좋다고 생각한다. 그런데 그로 인해 사람의 일자리가 너무 많이 줄어든다면 손해일 수도 있다. 일을 하지 못하면 돈도 벌 수 없기 때문이다. 그러므로 로봇과 함께할 수 있는 일을 찾거나, 로봇이나 컴퓨터가 아닌 사람만이 할 수 있는 일을 찾는 것이 중요하다.
2. 정확한 계산이나 논리적인 일 처리 과정은 로봇이나 컴퓨터가 할 수 있고 그게 효율적이라고 생각한다. 그러나 사람만이 할 수 있는 영역이 분명 있을 것이다. 인간의 감정이나 정서를 다루는 일, 예를 들면 심리 상담가나 작가 같은 직업이 그러하다.

경기도 사서협의회 추천도서   한국교육문화원 추천도서   아침독서 추천도서

100만 부 판매 돌파!

수학이 쉬워지고, 명작보다 재미있는
뭉치수학왕

"인공지능(AI) 시대의 힘은 수학에서 나온다!"

개념 수학

〈수와 연산〉
1 양치기 소년은 연산을 못한대
2 견우와 직녀가 분수 때문에 싸웠대
3 가우스, 동화 나라의 사라진 0을 찾아라
4 가우스는 소수 대결로 마녀들을 물리쳤어
5 앨런, 분수와 소수로 악당 히들러를 쫓아내라
6 약수와 배수로 유령 선장을 이긴 15소년

〈도형〉
7 헨젤과 그레텔은 도형이 너무 어려워
8 오일러와 피노키오는 도형 춤 대회 1등을 했어
9 오일러, 오즈의 입체도형 마법사를 찾아라
10 유클리드, 플라톤의 진리를 찾아 도형 왕국을 구하라
11 입체도형으로 수학왕이 된 앨리스

〈측정〉
12 쉿! 신데렐라는 시계를 못 본대

13 알쏭달쏭 알라딘은 단위가 헷갈려
14 아르키는 어림하기로 걸리버 아저씨를 구했어
15 원주율로 떠나는 오디세우스의 수학 모험

〈규칙성〉
16 떡장수 할머니와 호랑이는 구구단을 몰라
17 페르마, 수리수리 규칙을 찾아라
18 피보나치, 수를 배열해 비밀의 방을 탈출하라
19 비례배분으로 보물섬을 발견한 해적 실버

〈자료와 가능성〉
20 아기 염소는 경우의 수로 늑대를 이겼어
21 파스칼은 통계 정리로 나쁜 왕을 혼내 줬어
22 로미오와 줄리엣이 첫눈에 반할 확률은?

〈문장제〉
23 개념 수학-백점 맞는 수학 문장제①
24 개념 수학-백점 맞는 수학 문장제②
25 개념 수학-백점 맞는 수학 문장제③

융합 수학
26 쌍둥이 건물 속 대칭축을 찾아라(건축)
27 열차와 배에서 배수와 약수를 찾아라(교통)
28 스포츠 속 황금 각도를 찾아라(스포츠)
29 옷과 음식에도 단위의 비밀이 있다고?(음식과 패션)
30 꽃잎의 개수에 담긴 수열의 비밀(자연)

창의 사고 수학
31 퍼즐탐정 셜렁홈즈①-외계인 스콜피오스의 음모
32 퍼즐탐정 셜렁홈즈②-315일간의 우주여행
33 퍼즐탐정 셜렁홈즈③-뒤죽박죽 백설 공주 구출 작전
34 퍼즐탐정 셜렁홈즈④-'지지리 마란드러' 방학 숙제 대작전
35 퍼즐탐정 셜렁홈즈⑤-수학자 '더하길 모테'와 한판 승부

36 퍼즐탐정 셜렁홈즈⑥-설국언차 기관사 '어러도 달리능기라'
37 퍼즐탐정 셜렁홈즈⑦-해설 및 정답

수학 개념 사전
38 수학 개념 사전①-수와 연산
39 수학 개념 사전②-도형
40 수학 개념 사전③-측정·규칙성·자료와 가능성

독후 활동지

본책 40권+독후 활동지 7권
정가 580,000원